服务业案例精选丛书

导游服务案例详解

结合《旅游法》剖析案例版

李娌 编著

旅游教育出版社
· 北京 ·

策　　划：赖春梅
责任编辑：张　娟

图书在版编目(CIP)数据

导游服务案例详解：结合《旅游法》剖析案例版/李娌编著. --北京：旅游教育出版社，2014.1
ISBN 978-7-5637-2796-4

Ⅰ.①导… Ⅱ.①李… Ⅲ.①导游—旅游服务—案例 Ⅳ.①F590.63

中国版本图书馆CIP数据核字（2013）第239974号

导游服务案例详解
结合《旅游法》剖析案例版
李　娌　编著

出版单位	旅游教育出版社
地　　址	北京市朝阳区定福庄南里1号
邮　　编	100024
发行电话	(010) 65778403　65728372　65767462(传真)
本社网址	www.tepcb.com
E-mail	tepfx@163.com
印刷单位	北京中科印刷有限公司
经销单位	新华书店
开　　本	710毫米×1000毫米　1/16
印　　张	14.25
字　　数	154千字
版　　次	2014年1月第1版
印　　次	2014年1月第1次印刷
定　　价	28.00元

（图书如有装订差错请与发行部联系）

前　言

历经30年等待，《中华人民共和国旅游法》(以下简称《旅游法》)于2013年4月25日经第十二届全国人大常委会正式审议通过，并于10月1日正式施行。《旅游法》是我国旅游行业的第一部法律，突出保障旅游者和旅游经营者的合法权益。

更让人欣喜的是，《旅游法》明确了导游的权益，维护了导游的利益，保护了导游的合法权利，减轻了导游人员的工作压力；同时为提高导游员的服务意识、提升导游员的服务质量、倡导文明旅游等奠定了良好的基础。

2012年旅游投诉数据显示，全国投诉导游的案件与上一年相比上涨了22.14%，多为对带团导游的服务质量和履约能力不满意。这说明我们在旅游服务质量方面还存在着许多问题，亟待导游从业者反思。导游是构建和谐社会关系，紧密联系旅游者与旅游地自然、文化的桥梁和纽带，“文明旅游，导游先行”，导游工作者要做好文明出行的示范人。

2013年，应旅游教育出版社邀约，笔者按导游工作业务范围进行划分，以“领队篇”“地陪导游篇”“全陪导游篇”“景点景区导游篇”四个篇章对近几年来涌现出来的典型先进事迹、发生的特殊事件的经验和教训等编辑整理，结合刚刚出台的《旅游法》，对导游服务工作中的典型案例进行详细剖析，力求为更多导游同人提供学习和工作参考的素材。

本书在编写中，获得长春市旅游局邵大明局长、长春市旅游质量监督所（长春市导游培训中心）赵若营处长、朱宇杰副处长、朱宏茗的帮助和指导。同时，感谢旅游教育出版社给予的大力支持和肯定。本书参考和借鉴了部分专家在国家旅游局官网发布的信息，在此谨向专家学者一并表示感谢。对不足之处，恳请同人、专家和读者给予意见反馈，以臻完善。

李娌　于怡景园

2013 年 10月

目 录

领队篇

为了规范中国公民出国旅游活动，保障出国旅游者和出国旅游经营者的合法权益，国务院于 2002 年 5 月颁布了《中国公民出国旅游管理办法》。该办法对领队的工作职责作出了明确规定：

1. 组团社应当为旅游团队安排专职领队。领队应当经省、自治区、直辖市旅游行政部门考核合格，取得领队证。领队在带团时，应当佩戴领队证，并遵守本办法及国务院旅游行政部门的有关规定。

2. 旅游团队出境后因不可抗力或者其他特殊原因确需分团入境的，领队应当及时通知组团社，组团社应当立即向有关出境边防检查或者省级公安边防部门备案。

3. 组团社及其旅游团队领队应当要求境外接待社按照约定的团队活动计划安排旅游活动，并要求其不得组织旅游者参与涉及色情、赌博、毒品内容的活动或者危险性活动，不得擅自改变行程、减少旅游项目，不许强迫或者变相强迫旅游者参加额外付费项目。

4. 旅游团队领队应向旅游者介绍旅游目的地国家的相关法律、风俗习惯以及其他有关注意事项，并尊重旅游者的人格尊严、宗教信仰、民俗风俗和生活习惯。

5. 旅游团队领队在带领旅游者旅行、游览过程中，应当就可能危及旅游者人身安全的情况，向旅游者做出真实说明和明确警示，并按照组团社的要求采取有效措施，防止危害的发生。

6. 旅游团队在境外遇到特殊困难和安全问题时，领队应当及时向组团社和中国驻所在国家使领馆报告；组团社应当及时向旅游行政部门和公安机关报告。

7. 旅游团队领队不得与境外接待社、导游及其他提供商品或者服务的经营者串通欺骗、胁迫旅游者消费，不得向境外接待社、导游及其他为旅游者提供商品或者服务的经营者索要回扣、提成或者收受其财物。

8. 旅游者在境外滞留不归的，旅游团队领队应当及时向组团社和中国驻所在国家使领馆报告，组团社应当及时向公安机关和旅游行政部门报告。

01 做个出境领队不容易

案例介绍

领队小傅受旅行社委派，带团到新加坡。当从一家购物店出来后集合时，发现团内两名游客不见了。因为这两名游客手机没有开通国际漫游，联系不上，她只好安排部分游客原地等候，其他人员分头到周围寻找。经过差不多两个小时的寻找，大家才找到走散的那两名游客。

小傅在自己的（QQ）空间中写道：从事出境领队这么多年，她收获最大的就是自身获得的锻炼。经常跟陌生游客打交道、缜密地为紧凑的行程做准备，还需要把前后步骤和细节都考虑到位。小傅说："当领队，万事都要考虑周全，经验告诉我，哪怕是说少了一句该说的话，都难以预测会出现什么后果。"

案例分析

旅行社出境领队工作一直以来被许多人"羡慕"不已，能免费游历世界各国，是多么幸福的事情啊！可实际的领队工作，却并非大家所想的那般"轻松惬意"。

作为一名出境领队，不仅要具备最基本的外语口语交流能力，能适应倒时差造成的身体不良反应，具备良好的体力和耐力，还需要了解各种海关和边检知识，冷静应付各种突发事件。比如，本案例中的游客突然走失等特殊情况。

案例详解

一、游客走失应如何预防

在参观、游览或自由活动时，旅游团中游客走失的情况时有发生，原因多种，不一定是导游人员的责任。但无论哪种原因造成游客走失都会影响游客的情绪，严重时会影响旅游计划的完成，甚至会危及游客的生命和财产安全。导游人员必须加强责任心，周到、细致地做好工作以防此类事故发生。

（一）做好各种预防工作

(1) 导游人员每天都要向游客报告一天的行程，讲清上、下午的游览地点，中、晚餐用餐的地点和餐厅的名称。

(2) 下车后进入游览点之前，地陪要告知全体游客旅游车的停车地点、车号及车的特征，并强调开车的时间。

(3) 进入游览点后，在景点的示意图前，领队要配合地陪向游客介绍游览路线，所需时间，集合的时间、地点等。

（二）与地陪、全陪配合，经常清点人数

导游人员要时刻与本团游客在一起，注意游客的动向，经常清点人数。

（三）导游人员要以丰富的讲解内容和高超的导游技巧吸引游客

导游人员讲解的内容是否丰富，导游技巧是否运用得好，直接关系到游客的注意力是否集中。

（四）做好提醒工作

(1) 游客单独外出时，领队要提醒游客记住接待社的名称、与导游人员的联系方法、下榻饭店的名称及电话号码或带上印有饭店名称、标志、地址、电话等的卡片。

(2) 自由活动时，领队要建议游客最好结伴同行，不要走得太远；提醒游客不要回饭店太晚，不到秩序混乱的地方去。

二、游客走失如何处理

（一）游览活动中游客走失的处理

1. 了解情况，迅速寻找

领队应立即向团内其他游客了解情况并请领队、全陪迅速分头去寻找，自己带领其他游客继续游览。

2. 争取有关部门的协助

在经过认真寻找仍然找不到走失的游客时，领队应立即向游览地的派出所和管理部门求助，同时与该团下榻的饭店前台和楼层服务台联系，询问走失游客是否已回饭店；如采取以上措施仍找不到走失的游客，领队应向接待社及时报告并请求帮助，必要时经领导同意向公安部门报案。

3. 做好善后工作

找到走失的游客后，导游人员应问清情况、分析走失的原因。如是导游人员自己的原因，领队应向游客退还未参观景点的相关费用；如责任在走失者，应对其进行安慰，讲清利害关系，提醒以后注意。

4. 写出事故报告

如发生严重的游客走失事故，导游人员应写出书面报告，内容包括游客走失的经过、走失原因、寻找的经过、善后处理及游客的反应等详细情况。

（二）游客在自由活动中走失的处理

1. 立即报告旅行社

领队可寻求接待社有关人员的协助，通过有关部门通报管区的公安局、派出所和交通部门，尽量详细地提供走失者的特征和相关情况，请求沿途寻找。

2. 做好善后工作

找回走失者后，导游人员应问清情况，提醒全团引以为戒，避免类似事故再次发生。

02 香港导游“阿珍”辱骂游客案

案例介绍

2010年1月，安徽省宣城市某电器公司开展有奖促销活动，获奖顾客可获得港澳双卧六日游大奖。电器公司委托宣城A旅行社承办此项旅游活动，A旅行社与没有出境游资质的宣城B旅行社合作，其后B旅行社又与深圳C旅行社签订了赴港澳游的委托协议。参加港澳双卧六日游的游客与B旅行社签订了出境旅游合同。2010年3月24日，51人的港澳旅游团从安徽出发，香港接待社为D旅行社。该团在港旅游期间，香港接待社所派导游李巧珍多次胁迫游客购物，并对游客进行人身侮辱。该团游客将导游李巧珍在旅游大巴上谩骂游客的言行暗录下来，回内地后将录像传至互联网上，引起社会广泛关注。网友戏称导游为“恶女阿珍”。事后，香港旅游业议会对本案涉及的香港旅行社和导游进行了查处。

公关之一：“恶女阿珍”公开道歉并遭辞退

涉嫌强迫内地游客购物并辱骂游客的香港导游李巧珍（阿珍）首次公开露面，在记者会上，她称对事件非常后悔，并向内地游客和香港市民道歉。为了引起其他导游对此事件的重视，香港旅游业议会表示会吊销“阿珍”的导游证，香港导游界将对“阿珍”终身“禁足”。

公关之二：推出“优质诚信香港游”新举措

2010年7月27日，香港相关旅游部门与国家旅游局在北京联合举行了“优质诚信香港游”发布会，会上不但请来深受内地居民喜欢的形象大使——小猪麦兜作为代言人，还推出了一系列“优质诚信香港游”新举措。其中，明确亮出了三大诚信保证——无强迫购物、无自费项目、无附加费。

据了解，香港在利用网络平台加强全国覆盖的同时，新增了23家合作旅行社，将直接参与“优质诚信香港游”计划的城市从目前的18个扩展至27个，进一步扩大“优质诚信香港游”的影响力，让“优质诚信香港游”更快覆盖内地更多的城市。据悉，目前合肥也已有旅行社加入“优质诚信香港游”。

公关之三：同国家旅游局达成“5点共识”

7月31日，内地与香港旅游工作磋商会议在京召开。双方就共同做好规范内地赴港旅游秩序相关工作达成了5点共识。

一是国家旅游局要求各地旅游行政管理部门进一步加强赴港旅游团队管理工作，强化领队职责，支持和配合香港规范旅游市场。

二是国家旅游局将责成有关部门积极配合香港旅游业界专责小组做好相关工作，双方同意在近期召开工作磋商会议，研究规范内地赴港旅游市场秩序。

三是双方同意共同做好增加旅客权益透明度的相关工作，国家旅游局将通过中国旅游报、中国旅游网等多种渠道，广泛宣传香港方面提供的赴港游客须知。

四是为更有效地处理内地游客在香港发生的旅游突发事件及投诉个案，国家旅游局将给予必要的协助配合。

五是双方同意进一步加强工作联系，确定港澳台司司长和香港旅游事务专员为双方联络人。

案例分析

对于阿珍恶劣对待拒绝购物的游客的行为，许多从事出境领队工作的人员都非常清楚，主要原因在于旅行社不给导游底薪，相反，还要导游承担“人头费”。导游自己的带团收入、旅行社的利润，全压在导游一个人身上。这使得导游的心思不是用在如何带团讲解，为游客提供优质服务，而是用在导购。旅游业似乎走不出低价竞争的怪圈，旅行社导游的理念和服务跟不上，旅游业还是会进入另外的恶性循环。2010 年“阿珍”事件过后，虽然引起了政府相关部门的重视，并出台了相关的政策，但时至今日，“零团费”“负团费”屡现市场，一个又一个“阿珍”再现“江湖”，规范境外导游言行和服务，更需要从根源抓起。

案例详解

“阿珍”事件是非常典型的“零负团费”带来的不良结果。依据《旅游法》第三十五条规定：旅行社不得以不合理的低价组织旅游活动，诱骗旅游者，并通过安排购物或者另付费旅游项目获取回扣等不正当利益。旅行社组织、接待旅游者，不许指定具体购物场所，不得安排另付费旅游项目。但是，经双方协商一致或者旅游者要求，且不影响其他旅游者行程安排的除外。

同时，第九十八条规定：旅行社违反《旅游法》第三十五条规定的，由旅游主管部门责令改正，没收违法所得，责令停业整顿，并处三万元以上三十万元以下罚款；违法所得三十万元以上的，并处违法所得一倍以上五倍以下罚款；情节严重的，吊销旅行社业务经营许可证；对直接负责的主管人员和其他直接责任人员，没收违法所得，处两千元以上两万元以下罚款，并暂扣或者吊销导游证、领队证。

《旅游法》第三十五条提出，“低于成本的价格”如何判定是处理问题的关键。在法规出台之后，需要类似于行业协会的组织机构担当重任，对旅行社产品最低指导价格进行周期性的价格公布，但此价格能否被业界接受、是否具有权威性都等待着市场的检验。

03 烧香消费过高被投诉

案例介绍

游客王先生参加某国际旅行社组织的春节旅游团到泰国旅游，在领队和地接导游的诱导下，她共消费1600元用来买香。另外，因为进入寺庙的服饰不符合要求，还被要求购买服装。但事后，她发现自己所购买香的价格高出了市场价格1000多元，顿感上当受骗，即向组团旅行社提出了投诉，要求领队和地接导游退还其购香款，并给予赔偿。

案例分析

宗教旅游是一种特色旅游，然而旅行社在标准行程中安排烧香点，诱导游客过度消费，从中牟利，实在是有违职业道德。尤其是在境外旅游过程中，领队一定要站在游客的切身利益上，帮助游客鉴别旅游商品，正确引导游客购买。本案中，王女士购买“高价格香”的确与领队和地接导游诱导有直接关系。组团旅行社已与地接旅行社进行交涉，退还了客人多消费的 1000 元费用。

我国《导游人员管理条例》中明确规定，导游员不能胁迫和欺骗游客进行消费。随着我国旅游业的不断发展，客人在旅游过程中涉及宗教消费的投诉日益增多，尤其是在一些宗教场所里，有一些故意诱导、欺诈行为，如果系导游人员与宗教场所人员相互串通、共同欺骗消费者，旅游者应该举报，并保留相关证据，以维护自己的合法权益。

案例详解

很多信众喜欢去寺庙进香拜佛，但对相关礼仪并不是很清楚，容易冒失或者手足无措，下面具体讲解一些寺庙参拜的礼仪：

一、提前沐浴净身

按照习俗，烧香拜佛最好是提前沐浴净身，以洁净的身心进入寺庙。

二、礼佛之前，勿吃荤食

肉食、荤腥，以及蒜、葱、烟、酒等都会污口，对佛不敬，所以在礼佛之前最好忌食。

三、衣冠整洁，举止有礼

进入寺庙，服装鞋帽以整洁为宜。不可服装不整，特别是女士，入佛堂切不可穿过分暴露的服装，也不可浓妆艳抹。入佛堂不得吸烟、嚼口香糖、打闹嬉戏等。

四、入寺

进佛寺时，最好不要经由中门入，而应从旁门入，更不要踏门槛，抬脚而入为宜。

入寺门后，不宜中央直走，进退都应顺着左臂方向靠边行走，进入殿门，帽子以及手杖不可安放于佛案及佛座上。

五、不可乱动寺庙之物

寺庙之中诸物不可乱动，特别是寺中钟鼓鱼磬等法器，不可擅敲，锡杖衣钵等物，亦不可戏动。诸如水果、植物等，也不可随意摘取。

六、拜佛不可越位

大殿中央的拜垫是寺主用的，不可在上礼拜，宜用两旁的垫凳，分男左女右拜用，凡有人礼拜时，不可在他的头前行走。

七、阅经须恭谨

寺中若有公开阅览的经卷，方可阅读。但阅读之前须先净手，放案上平看，不可手握经卷，或放在膝上。衣帽等物尤其不可放在上面。

八、拜僧有讲究

见到僧人，称法师，或称大和尚，忌直称为“出家人”、“和尚”。与僧人见面常见的行礼方式为两手合掌，微微低头，表示恭敬，忌握手、拥抱、摸僧人头等不当礼节。如果僧人正在礼佛、坐禅、诵经、饮食、睡眠、经行、如厕时，不可向他礼拜。

九、听经礼仪

随众礼拜入座，如果自己后到，法师已经升座，须向佛顶礼毕，向后倒退一步，再向法师顶礼。入座后，不向熟人招呼，不得坐起不定、咳嗽谈话，如不能听毕，便向法师行一合十，肃静退出，不可招手呼唤他人。

十、其他注意事项

（1）进入佛堂内，不得高视佛面，应低头作礼拜，更不得随意观赏，东张西望。如要观佛面，应站于堂外丈远而观，方合乎礼制。

（2）佛堂内不得大声喧哗，或躺卧跑跳。

（3）佛堂内勿随地吐痰、乱扔垃圾。

（4）有人礼佛，勿从前面过。参拜佛时，最好靠近佛桌前拜佛，免得他人从你面前而过，打扰你拜佛。

（5）拜佛姿势要庄严正确，不可倾斜不正。合掌拜佛，一定要双手十指并拢，不用力地靠着两胸部心窝（胸部中间凹处地方）处，十指朝天，不可倾斜指向佛。

（6）寺庙内用食，应当捐款。凡遇寺庙举办法会或逢菩萨辰日，都会备办素食宴与众生结缘，信众需要捐助功德金；平日在寺庙用餐，也要捐助功德金。因为寺庙所食之物，都为十方善众所捐，非出家人，寺庙是不供养的，不应白吃。

(7) 带小孩进入寺庙，大人一定要看管好孩子，不可让孩子随意妄为。

04 向不文明行为说“不”

案例介绍

大陆居民赴台湾地区个人旅游开放后，陆客赴台人次屡创新高，2013年3月更是首次超越台胞来内地的人次，达到25万多人次。大陆居民赴台湾地区旅游促进了两岸文化交流，增进了民众相互了解，但同时也出现了一些不文明的行为：在台东县“水往上流”风景区，几十株皇冠龙舌兰的叶片成了游客的留言板，被刻写了“小素到此一游”“青山白云好风光”等字句。虽然园区竖立“不得践踏草皮”“不得攀折花木”等警示牌，但游客视而不见，任意闯进铺着草皮的花木区，攀折花木或刻字。在新北市野柳地质公园，不断有大陆游客爬上易损坏的蕈状岩拍照，或者不顾禁令吞云吐雾，乱丢烟蒂。

为倡导文明旅游，加强旅游团队管理，国家旅游局旅游质量监督管理所特向广大游客提出如下警示：

第一，旅游者应当成为文明的使者，言语举止代表的不仅仅是个体的形象，而是一个团队，甚至大陆游客的整体形象。出门在外，应当规范个人行为，举止文明，言语得体，使文明旅游成为自觉行为。

第二，组团社应当认真开好行前说明会，向旅游者介绍旅游目的地的基本情况、相关规定、风俗习惯、文明旅游的有关要求和注意事项。

第三，领队对旅游者不文明的言行举止，应予以提醒和劝阻，如遇特殊问题，应及时向组团社报告。旅游者应当尊重、遵守旅游目的地的法律法规和相关规定，服从领队人员的统一管理。

案例分析

2006年中央文明办、国家旅游局向社会公开征集“中国公民旅游不文明行为表现”，公布了公众反映比较普遍的国内国外旅游不文明行为。

（1）随处抛丢垃圾、废弃物，随地吐痰、擤鼻涕、吐口香糖，上厕所不冲水，不讲卫生留脏迹。

（2）无视禁烟标志想吸就吸，污染公共空间，危害他人健康。

（3）乘坐公共交通工具时争抢拥挤，购物、参观时插队加塞，排队等候时跨越黄线。

（4）在车船、飞机、餐厅、宾馆、景点等公共场所高声接打电话、呼朋唤友、猜拳行令、扎堆吵闹。

（5）在教堂、寺庙等宗教场所嬉戏、玩笑，不尊重当地居民风俗。

（6）大庭广众之下脱去鞋袜、赤膊袒胸，把裤腿卷到膝盖以上、翘“二郎腿”，酒足饭饱后毫不掩饰地剔牙，卧室以外穿睡衣或衣冠不整，有碍观瞻。

（7）说话脏字连篇，举止粗鲁专横，遇到纠纷或不顺心的事大发脾气，恶语相向，缺乏基本社交修养。

（8）在不打折扣的店铺讨价还价，强行拉外国人拍照、合影。

（9）涉足色情场所、参加赌博活动。

（10）不消费却长时间占据消费区域，吃自助餐时多拿浪费，离开宾馆饭店时带走非赠品，享受服务后不付小费，贪占小便宜。

案例详解

“文明旅游、导游先行”。导游是旅游从业人员的主力军，导游在文明旅游中具有不可替代的作用。《旅游法》第十三条提出：旅游者应当尊重社会公共秩序和社会公德，尊重当地的风俗习惯、文化传统和宗教信仰，爱护旅游资源，保护生态环境，遵守旅游文明行为规范。第四十一条提出：导游和领队应当向旅游者告知和解释旅游文明行为规范，引导旅游者健康、文明旅游，劝阻旅游者违反社会公德的行为。一名合格的导游要有崇高的责任感和使命感，以自身的文明、规范服务，影响和带动游客文明素养的提升，要树立责任意识、诚信意识和服务意识，积极弘扬爱岗敬业、乐于奉献、全心全意为游客服务的良好风尚，引导和宣传文明出行的知识，尤其是在境外旅游时，要将异域风情、风俗习惯等常识讲解给游客，引导游客树立文明旅游意识，提升中国游客境外旅游形象。旅行社方面要在游客出团说明会上强调文明出游，提醒游客尊重当地习俗并注意个人文明。

05 赴台游携带烟酒有限制

案例介绍

2011年7月9日下午，长沙海关驻黄花机场办事处值班关员在对台湾飞抵长沙的AE977次航班入境旅客进行检查时，发现湖南某旅行社一赴台旅行团队多名游客携带同样品牌的“轩尼诗XO”洋酒共18瓶入境，情况十分可疑。缉私警察随即前往现场处置，经盘查，旅行团领队刘某承认了这些洋酒是由其在离开台湾时分发给游客携带的，计划在进境后再收拢交给上家梁某。一起利用出境旅行团“化整为零”走私洋酒的重大走私犯罪案件逐渐浮出水面。

我国洋酒消费趋热，洋酒销售市场增长迅猛，不法分子见有利可图，就打上了走私洋酒的主意。像刘领队这样违规携带超量烟酒被查扣的事件屡有发生，并呈现频发趋势。

案例分析

根据相关法律法规规定，每位游客入境可以免税携带自用酒水 1 升，而批量进口洋酒则需要向海关申报并交纳相应关税，该走私团伙采用“蚂蚁搬家、化整为零”的方式，将洋酒交给团队游客分散携带，以达到偷逃税款的目的。对导游来讲，这种行为严重违反了《导游人员管理条例》的规定，并且还触犯了国家的法律。同时，游客也被其“利用”。所以，游客一定要注意不能随意帮助他人携带物品入境，以免被不法分子利用，损害自己的合法权益。

案例详解

一名职业领队在带团中，具有双重身份，除是旅行社委派的“领队”之外，还是一名入境观光客。根据《中华人民共和国海关对进出境旅客行李物品的监管办法》要求：

第一，大陆居民赴台旅游随身携带的行李物品，必须按照有关规定办理通关手续。

第二，我国台湾地区规定，年满 20 岁的成年旅客可免税携带自用酒类 1 升（不限瓶数），香烟 200 支或雪茄 25 支或烟丝 1 磅（约 0.45 千克）入境。携带免税商品符合规定的，可免向海关申报，从绿色通道过关；隐匿不申报或规避检查的，一经查获，将依照台湾地方当局的缉私条例等法律法规处理。

第三，旅游者应尽量参加赴台游组团社召开的行前说明会，充分了解台湾当地的基本情况、注意事项，尊重、遵守台湾当地的法律法规，服从领队人员的统一管理；赴台游组团社要主动告知领队及游客台湾有关入境旅客携带免税烟酒的数量规定。

本案例中，领队自身“犯错”，带来了负面的影响，因此，要加强对领队人员的管理和日常培训，对领队职业道德等方面的教育要常态化。

06 溺水身亡谁之责

案例介绍

吴女士和某旅行社签订出境旅游合同，约定由旅行社负责组团提供出境旅游服务，旅游项目为马尔代夫豪华四晚六日游。合同签订后，吴女士支付了全部旅游费用，并办理了相关手续。抵达马尔代夫后，旅行社安排入住了水上屋酒店，没有提供领队导游服务也没有对在该地浮潜、游泳的注意事项进行警示、说明。意外出现了，吴女士在酒店边上的海滩浮潜游泳时不幸溺水身亡。

吴女士家属认为，该国际旅行社的行为违反了相关法律规定，没有按照合同规定召开行前说明会，也没有针对游客在马尔代夫浮潜、游泳的安全避险事项进行告知说明。家属认为，对于受害人的死亡，领队和旅行社应当承担相应的责任，并向法院提出了诉讼。

案例分析

马尔代夫 5 ～ 11 月是多雨期，天气、洋流和海浪变化很大，表面看来平静的海面实则暗流密布，若缺乏安全防范和保障意识，一些水上运动和潜水活动极易引发安全事故。由于度假团型的特殊性，多数领队只负责带领游客过境、办理海岛度假村入住手续、返程召集过关等事宜，游客度假期间几乎采取自由活动的方式。因此，加强和督促游客注意人身安全显得尤为重要：

第一，旅游者要增强旅游安全风险意识，参加组团社的行前说明会，出境领队有责任和义务详细了解当地水文状况及各类涉水活动的注意事项，主动认知安全标识，做好防护措施。

第二，旅游者应服从旅游团队领队的统一管理，不得擅自脱团；对可能危及旅游者人身安全的情况，旅行社及其领队应当向旅游者做出真实说明和明确警示。

第三，旅游者在旅游期间，应当注意当地住宿设施、游览区域特别是水上活动场所的安全提示，增强自我保护意识，不能在没有安全保护设施的区域，进行水上、水下运动。

第四，旅游者可主动购买相关保险，提高风险应对、处置能力。如遇紧急情况，应及时报警，必要时向中国驻当地使领馆寻求帮助。

依据《旅游法》第六十二条第二款之规定：旅行社应当向旅游者告知旅游活动中的安全注意事项。本案例中，领队和旅行社在出境游安全方面，忽略了工作流程和注意事项的提示。

案例详解

近年来，随着海岛度假游的兴起，许多游客选择出境游，马尔代夫、普吉岛、塞班岛成为许多中国游客的首选。然而，每年都会有在海边度假游客溺水身亡的报道。

目前，马尔代夫等热门海岛旅游目的地开展了丰富多彩的水上自费项目，如海水浮潜。这项活动是一项具有一定安全风险的活动，对事先未接受潜浮培训的游客，参加海水浮潜活动时务必加强风险意识，谨慎对待。在下海浮潜前应认真了解浮潜的注意事项，熟练掌握浮潜设备的使用办法。下水前穿好救生衣，避免酒后和在海上风浪大、有暗流及激流等危险情况下参加浮潜等涉水活动。

出境领队在行前说明会上和带团过程中，一定要把旅游安全放在首位。

07 国手猝死香港

案例介绍

2010年5月下旬，湖南前乒乓球国手陈佑铭与家人参加了湖南A旅行社组织的香港游，香港地接社B旅行社安排郑某某为该团导游。5月22日，郑某将游客带到红磡一珠宝店，安排约20名游客入店购物。约20分钟后，陈佑铭独自走到店门外看报纸。半小时后，郑某某叫其返回店内，他进店后打算再离开时，被郑某某出言辱骂并阻止他离开店铺，双方为此发生争执。陈佑铭气愤异常，心脏病发作，送医院后不治身亡。事发后郑某某逃离，香港旅游业议会向警方报案。经查，郑某某为无证导游，所持导游证系向另一郑姓导游借取，假冒该名导游带团，而香港B旅行社没有核实郑某某是否持有效导游证。

案例分析

事件发生后，香港和内地媒体大量报道，引起社会广泛关注。国家旅游局高度关注陈佑铭猝死事件，督促有关方面尽快处理。国家旅游局质监所就此代表国家旅游局，向香港旅游事务专员容伟雄发函，建议就此事件进行全面调查并做出严肃处理。国家旅游局质监所就此向全国发布了第4号“旅游服务警示”，提示广大游客“提防低价陷阱，抵制强迫购物”。湖南省旅游局协助湖南A旅行社及死者亲属处理相关善后事宜，并积极协调沟通，向香港提出妥善处理事件的希望和要求，转达死者亲属的诉求。经香港、内地多方共同努力，死者家属获得经济赔偿。

香港旅游业议会规条委员会召开全体会议，决定终止香港B旅行社的议会会籍，而终止会籍导致该社停牌。议会总干事董耀中表示，议会之所以前所未有地动用如此严厉的处分，是因为该旅行社使用冒牌导游，而且在随后书面解释时弄虚作假。

旅游过程中，能够遇到一位知识渊博、服务周到的导游实属一件幸事。然而，不久之前发生的“阿珍”事件尚未平息，又出现的郑某某，彻底让人们失望了。本案例再次向旅游业界人士敲响了警钟，规范市场秩序，提供良好的导游服务，关乎行业形象和影响力。

案例详解

一曲“东方之珠”将香港这个美丽的海港，推介给了中国内地千家万户。多少年来，香港之所以能够成为世界瞩目的城市，绝对离不开几十年来打拼出来的“名声”和“口碑”。可以说，“名声”和“口碑”是香港的金字招牌，是最重要的资源，需要好好珍惜和善加维护。

正因为物美价廉、服务热情，加上免税港的优势，才使得香港赢得“购物天堂”的美誉，吸引了大量游客。时至今日，旅游业已成为香港经济重要支柱，关系到旅游、零售、饮食、娱乐多个劳动密集型行业，与旅游相关的收入已占香港本地生产总值的十分之一，这不仅给香港带来了丰厚的商机，也给市民提供了大量就业机会。

香港要与内地共同努力，规范旅游市场价格、做好旅游监管，清理整顿好旅游行业，让“购物天堂”“旅游胜地”的美誉更受关注。

08 见义勇为的楷模

案例介绍

中国旅行社总社（以下简称“中旅总社”）负责接待的澳洲中国最佳之旅（China Bestours）的代理人团（团 C0802-A2291），在西安旅游期间，遭遇匪徒挟持事件，在各方的努力下，事件得到顺利解决，犯罪嫌疑人被当场击毙，10 名团员安然无恙。

中旅总社员工王新慷（英文名：Eric）在此次事件全过程中表现出了超凡的胆识和无私的奉献精神，沉着冷静，临危不惧，积极应对。在事发之时，团队客人陷入慌乱惊恐之中，王新慷保持清醒的头脑和冷静的态度，与地陪刘占奎一起与绑匪周旋谈判；为保障团队客人人身安全，同意驱车前往绑匪指定的西安市公安局，在路途中成功说服绑匪陆续释放了 9 名人质；公安机关全面介入后，他不顾个人安危，主动留下陪伴被劫持的最后一名人质；在绑匪提出换车前往机场的过程中，王新慷坚持与客人在一起，始终陪伴客人，不仅为当事人做翻译更成为了人质的精神支柱；在途中王新慷不断与绑匪交流，在很大程度上稳定了人质情绪、绑匪情绪，为警方办案创造了条件；当绑匪被警方击毙后，王新慷在第一时间将人质接下车，并伴随其返回西安市区配合警方的后续工作。

被劫持的游客回忆说，在这一事件中，华人导游的美好品质得到了充分体现，王新慷英勇救人，堪称英雄。受害者之一、58岁的昆州人卡伦·瓦普尔斯（Karen Waples）事后安全返回澳大利亚，在接受《星期日邮报》（*Sunday Mail*）采访时说：她不知道他姓什么，但她知道他是真正的英雄，如有需要，他会为我们挡子弹。游客们还说，中国是安全的，事件不会阻碍澳大利亚游客来中国参观奥运赛事。全团客人对王新慷的感激赞许是无法用语言来形容的。澳驻沪领事也对他所做的一切表示感谢，建议中旅总社对王新慷予以嘉奖和奖励，并报国家旅游局予以表彰。

案例分析

王新慷来自旅游战线，是我国旅游行业的骄傲。他在生死关头表现出的舍生忘死的牺牲精神，在危急时刻表现出的忠于职守的敬业精神，展示了青年一代勇于拼搏的时代精神，体现了旅游从业人员乐于奉献的职业情操。忠于职守、勇于牺牲，坚毅刚强、乐观向上，是王新慷风格的集中表现。在新的人生征程中，王新慷仍将充满激情和斗志，大踏步向前，当好形象使者、文化使者、友好使者，为促进旅行社行业的发展壮大、构建社会主义和谐社会贡献自己的力量！

案例详解

王新慷所表现出来的精神，是一种见义勇为、挺身而出的大无畏精神，值得导游员去学习。在导游员带团中，一些突发的治安事件，可能会导致意外的产生，严重的，甚至会危及游客生命安全，为了预防和避免此类事件的发生，导游员应该做到：

一、治安事故的预防

导游人员在接待工作中要时刻提高警惕，采取有效措施，尽量防止治安事故的发生。要提醒游客不要让陌生人进入房间；不要与私人兑换外币；建议游客将贵重财物存入饭店保险柜，离开旅游车时不要将贵重物品和证件留在车内。

在旅游活动中，导游人员要始终和游客在一起，注意观察周围的环境和动向，经常清点游客人数。

二、治安事故的处理

一旦发生治安事故，导游人员应：

（一）保护游客的人身、财产安全

在歹徒向游客行凶、抢劫财物时，在场的导游人员应毫不犹豫地挺身而出，勇敢地保护游客，并立即将游客转移到安全地点，力争与在场群众、当地公安人员缉拿罪犯．追回钱物；如有游客受伤，应立即组织抢救。

（二）立即报警

治安事故发生后，导游人员应立即向当地公安部门报案并积极协助破案。报案时要实事求是地介绍事故发生的时间、地点、案情和经过；提供作案者的特征，告知受害者的姓名，性别，国籍，伤势及损失物品的名称、数量、型号、特征等。

（三）及时向领导报告

导游人员要及时向旅行社领导报告治安事故发生的情况并请求指示，情况严重时请领导前来指挥、处理。

（四）稳定游客的情绪

治安事故发生后，导游人员应采取必要措施稳定游客的情绪，努力使旅游活动顺利地进行下去。

（五）写出书面报告

导游人员应写出详细、准确的书面报告，报告中应写明案件的性质、采取的应急措施、侦破情况、受害者和旅游团其他成员的情绪及有何反映、要求等。

（六）协助领导做好善后工作

导游人员应在领导指挥下，准备好必要的证明、资料，处理好各项善后事宜。

09 惊魂一刻

案例介绍

晚春季节，领队小胡带着20人一行踏上了北美的土地，开始了美国东西海岸＋夏威夷共14天的旅程。就在行程开始的第三天，凌晨4点多，一阵急促的、重重的敲门声把小胡从梦中惊醒，随之而来的是一个女客人的叫喊声："领队、领队，我同室的周大姐快不行了，你快去看看啊，快啊。"小胡冲进客人房间，只见周大姐已从床上掉到了地下，两眼半开、口角抽动、口吐白沫、四肢反复屈伸，呼吸几乎已经停止，不省人事。

小胡带团这么多年，第一次见到这样的场面，她拼命控制自己已经跳到了嗓子眼的心，一遍又一遍地对自己说："冷静，冷静，遇到突发事件要冷静。""要抢救，要赶快抢救！"她拨通了911报警电话，用颤抖的声音求助于美国警察。3分钟后，随着一阵急救车的警报声，快速地上来了几个又高又大的全都穿着警服的警察，且每人手里都拿着工具，分不清是警察还是医生。他们一看我们都是亚洲人，马上问了"Who can speak English？"，领队马上用流利的英语阐述了刚刚发生的一切。警察们一边问领队，病人过去得过什么病，有什么慢性病史等，一边把周大姐抬上床，快速插入了氧气管道进行抢救。警察的问话似乎突然激发了小胡的记忆，她忽然想起有一种病叫癫痫，和周大姐的症状十分的相像，于是，立即让在旁的客人往中国周大姐的家打电话，问周大姐是不是有癫痫病史。在得到周大姐丈夫的确认后，小胡想赶紧告诉警察周大姐有癫痫病史，但受到这种惊吓后，小胡怎么也想不起“癫痫”这个医学单词的英语怎么说，急得她一边用手脚比画一边用其他类似的语句来描述这个病，警察马上听懂了，他拿起小胡的手，在她的手心上轻轻写了个单词“seizure”。警察接着把周大姐垫着的枕头拿掉，把缠有纱布的压舌板垫在上下牙齿间，解释说是防止病人自己咬伤舌头。随即将周大姐的头偏向一侧，说这样是防止口水误入气道，引起吸入性肺炎。在得到这一系列的救护后，周大姐慢慢地缓过来了，开始睁开眼睛看着大家，但完全不知道刚才所发生的这一切。得知救援的全过程，周大姐流着眼泪，连连说：“谢谢、谢谢，谢谢美国警察医生救了我，谢谢领队小姐救了我”。

案例分析

“无尽的责任与辛劳”是领队发自内心的表白。看似风光的领队，在周游世界的同时，肩负着企业的重任、游客的希望，要成为一名好领队不仅需要敬业的工作态度，良好的应变和处理突发事件的能力，更需要专业的服务和良好的外语基础。本案例中，领队在客人出现生命安危时，快速反应，第一时间确认游客的病史，用熟练的外语与警方联络、沟通，有效地为抢救客人生命赢得了时间。

案例详解

出境旅游时，出现身体不适是客人最为担忧的问题。导游人员应具备良好的语言能力和沟通协调能力，随时准备为客人排忧解难。

一、游客患病的预防

游客从居住地到旅游目的地，经过长途旅行的劳累，加上气候变化、水土不服、起居习惯改变等原因，体力消耗较大，特别是团中年纪大、有慢性病、体质弱的游客更难适应各种变化，甚至会使一些游客旧病复发、生病甚至死亡。导游员应从多方面了解游客的身体状况，照顾好他们的生活，经常关心、提醒，避免人为的原因致使游客生病。

(1) 了解旅游团成员的健康状况。导游员可以通过多方面了解本团游客的健康状况，做到心中有数。接团前通过研究接待计划了解本团成员的年龄构成；接到旅游团时，地陪可从领队处了解团内有无需要特殊照顾的患病游客；在游客之间进行了解；通过察言观色对身体肥胖或孱弱，走路缓慢、费力的游客及面部表情和举止异常的游客多关心，预防突发疾病的发生。如果游客太累或身体不舒服，应劝其休息或去医院检查，以免身体状况恶化。

(2) 周密安排游览活动。如旅游团中老弱病残者占的比重较大，导游员制订计划、安排活动日程时就要留有充分的余地，活动节奏不要太快，做好劳逸结合；体力消耗大的项目不要集中安排，晚间活动安排时间不宜过长。

(3) 做好提醒、预报工作。地陪应做好天气预报工作，要根据每天的天气预报提醒游客增减衣服、携带雨具、穿戴适宜的鞋帽等；提醒游客注意饮食卫生，不吃不洁食物，不喝生水，气候干燥或在盛夏时，提醒游客多喝水；适当调整游览时间，保证游客有充足的休息时间。

二、游客患一般疾病的处理

(1) 游客患一般疾病时，导游员要劝其尽早去医院看病，并留在饭店内休息；如需要，导游员应陪同患者前往医院就医。

(2) 关心游客的病情。如果游客留在饭店内休息，导游员要前去询问身体状况并安排好用餐，必要时可与饭店的大堂副理联系，为其个别制作合适餐食。

（3）向游客讲清看病费用自理。

（4）严禁导游员擅自给患者用药。

三、游客突患重病的处理

旅行途中游客突然患病，导游员应采取措施就地抢救，请求机组人员、列车员或船员在飞机、火车、轮船上寻找医生，并通知下一站的急救中心和旅行社准备抢救。若乘旅游车前往景点途中游客患重病，必须立即将其送往就近的医院；或拦车将其送往医院，必要时暂时中止旅行，让旅游车先开到医院；还应及早通知旅行社，请求指示和派人协助。游客在饭店患重病时，应立即通知饭店医务人员抢救，如饭店不设医务室或症状严重，应立即送往医院。

游客在游览途中病危时，导游员应立即协同领队和患者亲属送病人去急救中心或医院抢救，或请医生前来抢救。患者如系国际急救组织的投保者，导游员还应提醒领队及时与该组织的代理机构联系。

在抢救过程中，导游员应要求领队和患者亲属在场，并详细记录患者患病前后的症状及治疗情况。需要手术或特殊检查签字时，导游员应请患病游客的亲属或领队签字。导游员还应随时向当地接待社反映情况。

若游客病危但亲属不在身边时，导游员应提醒领队及时通知患者亲属。如患者亲属系外籍人士，导游员应提醒领队通知其所属国驻华使、领馆。患者家属到来后，导游员应协助其解决生活方面的问题；若找不到亲属，一切按使、领馆的书面意见处理。

患病游客转危为安，但仍需住院治疗不能随团离境时，接待社领导和导游员（主要是地陪）要时常去医院探望，帮助患病游客办理分离签证、延期签证以及出院、回国手续和交通票证等善后事宜。

患病游客住院及医疗费用自理，离团住院时未享受的团队综合服务费由旅行社结算，按规定退还本人；患病游客亲属的一切费用自理。

10 语言的重要性

案例介绍

英语作为一种世界通用的语言，其重要性被越来越多的人重视。但是，领队陈先生在澳大利亚碰到的一位地陪却很不把英语当回事，让人“大跌眼镜”。

陈先生担任领队带团到澳大利亚，接待大家的是一位新移民，服务也还不错。在交谈之时，领队陈先生发现他对于澳大利亚所使用的英语并不熟悉，地陪却认为自己是接待自己国家的人，只要会讲普通话就可以了。然而，这种认识反映在工作中时，问题就出来了。

在陈先生一行准备从墨尔本乘机飞往上海时，出现了一点小插曲。当时，由于是旅游团队，陈先生问地陪可不可以去办理团队登机手续的柜台领取登机牌，但是地陪很肯定地对陈先生说不可以，一定要旅游者自己排队办理登记手续。可是由于地陪的英文能力有限，如果客人单个办理的话，陈先生只能在办理登机手续的柜台之间来回奔走，帮助游客翻译机场工作人员所询问的问题。

领队陈先生认识到如果发生这样的情况，非常耽误时间，而且也非常不方便。所以，他自己跑到办理登机手续的柜台用英文向工作人员说明大家是来自中国的旅游团队，大部分团员的英语表达能力有限，可否一起办理登机手续，以便他可以逐个为团员做翻译。机场工作人员的态度非常友好并且肯定地说：当然可以。地陪在一旁看到此时的场景，只好非常尴尬地召集客人统一办理登机手续。

案例分析

外语对于导游人员尤其是出国旅游的导游（领队）非常重要。在国外，不懂外语会带来许多麻烦。如果导游与当地人的沟通都有问题，又怎么为客人服务、怎么能对客人负责呢？本团中，地陪就属于这种情况。

案例详解

在我国外语类导游较为缺乏，语言水平整体较低。从我国实行导游人员资格考试制度以来，中文普通话导游的数量逐年增多，而外语类导游的增长却十分缓慢。

外语类导游缺乏的主要原因有：第一，要获得外语类导游资格证困难重重。要取得外语类导游资格证，不仅要求参加考试的人具有一定的外语表达能力，还要在此基础上，掌握相应的旅游常识并对语言对象国景点有一定的了解，因此，能通过考试的人可谓凤毛麟角。第二，个别地区由于接待外宾人数有限，对外语类导游人员的招聘和管理没有规模化，往往是现用现招聘。第三，外语类导游的待遇不高。尽管外语导游的技术性相对较高，但待遇却无法得到较大的提高。第四，除北京、上海、广州等城市出境领队较为“职业化”外，许多地区领队“非专业”现象较为突出。第五，领队外语水平有限，不能有效沟通和处理一些问题。

旅游无国界，从事旅游行业的专业人士需要加强技能的培训，从事出境领队工作的人员更要将业务学习长抓不放。

11 巴黎被抢

案例介绍

领队柳先生带领张女士一行二十几人从上海出发，坐了十多个小时飞机，抵达法国戴高乐机场。大约晚上7点半，当大家在机场附近的中餐馆吃完晚餐出门后，被一群黑人抢劫。当时，包括领队柳先生在内的三人随身携带的挎包被拉断。柳先生还被3个黑人按在地上打，眼镜被打飞，鼻梁也打破了。

从未见过这种场面的张女士等人，吓得飞奔逃命，她回忆道："我跑得飞快，有两名五十多岁的游客跑不快，她们被两个劫匪抢了包。包里有现金、身份证和银行卡，还有治疗高血压和心脏病的药。在法国，这些药都是处方药，她们只能吃其他团友的药应急。当时的场景真的就跟电影中的抢劫一样，被抢的两名女游客事后一直浑身发抖。我们看到劫匪掏完包就赶紧跑了，当时没看清楚他们手里有没有凶器，但是听司机说，这些黑人通常会带刀或枪。"

领队柳先生说：过境后，按规定，他将游客的护照收齐放在随身的包内。当大家吃完饭走向停车场时，突然有3名黑人男子冲上来抢领队身上斜挎的包，领队死死抓着包不松手，劫匪将其拖出五六米远后，将包的背带拽断后逃离，包里的钱物和20多本护照全部被抢。

团里的几名男性游客见状上来帮忙追赶，当时天已黑，追至附近一条巷子时，看到有一辆白色的车子接上 3 名劫匪后驶离现场。领队立即报警，待警方到达后，大巴车开往警局录口供。

事件发生后，国家旅游局高度重视，已责成驻巴黎旅游办事处前往看望慰问被抢游客，与驻法使馆密切配合，积极协助做好游客的稳定工作和后续行程的安排，并要求法国有关部门尽快展开调查、缉拿犯罪分子，切实采取措施保障赴法中国游客的人身财产安全，防止类似事件发生。

案例分析

近年，赴法国观光的中国游客日益增多，遭盗抢事件也时有发生。鉴于法国部分旅游景点、商店、地铁、火车站是盗抢案件高发区，出境前领队要在行前说明会上重点提醒赴法旅游的中国公民加强安全防范，遭遇危险时妥善应对。

(1) 勿随身携带大量现金，不炫财露富。

(2) 不要让自己的行李、背包离开视线范围；在购物和付款时，要注意周围有无可疑人物。乘车时，最好将手提包等物品放在后备箱或脚下，不要放在座位上或腿上，以免成为飞车歹徒抢劫的目标。

(3) 尽量结伴出行，避免独自夜间外出或在偏僻处行走。

(4) 如遇抢劫，保持冷静，不与劫匪争执或发生肢体冲突，在确保自身安全前提下尽量记下劫匪特征，确认无安全威胁后立即报警。如遭盗抢，应及时报警，并向大使馆求助。

另外，领队在出国前要仔细认真核对和核实我国驻旅游目的地国家的大使馆值班电话号码，以便第一时间取得联系。

案例详解

连续发生的中国游客境外被盗被抢事件，需要引起重视。出境游客只有对当地治安状况做到心中有数，因地制宜地做好防范和自我保护，才有可能避免卷入不必要的麻烦。针对中国人旅游安全事例，游客们应着重注意以下几个方面：

(1) 选择正规的有资质的旅行社。随着近几年境外旅游市场的火爆，以各种名义变相组织出境旅游的非法旅行社不在少数。大家应保持足够的警觉，增强防范和自我保护意识，提高甄别能力，可以登录旅游行政管理部门的官方网站或向旅游行政管理部门查询经办者的旅游业务经营资质。

(2) 旅游途中不要独行。在游玩的过程中，应服从旅行社或导游的指挥和安排，遵守活动时间，尽量结伴而行，不要单独贸然行动。尤其是女性游客，尽量避免花枝招展，珠光宝气地外出，以免被劫。

(3) 看管好自己的贵重物品，谨防被“盯梢”。不要随身携带大量现金，最好使用信用卡或旅行支票，在人多嘈杂的地方和就餐地点要注意保管好贵重物品，如数码相机、笔记本电脑、珠宝饰品、名牌服装等要妥善保管，非日常使用的贵重物品可在下榻处申请保险箱托管。

(4) 相关证件需备份。境外旅游时，如果当地警察要检查你的护照等证件，可请其先出示证件，并记下他的警号、警车号，交罚款时不要直接交给警察，而是凭罚单交到银行等指定地点。将护照、签证、身份证复印备份，并将复印件连同备用相片与证件原件分别存放，随身携带。

依据《旅游法》第八十二条，中国出境旅游者在境外陷于困境时，有权请求我国驻当地机构在其职责范围内给出协助和保护。在获悉此事件发生后，国家旅游局高度关注，已责成我国驻巴黎旅游办事处前往看望慰问被抢游客，与驻法使馆密切配合，积极协助做好游客的稳定工作和后续行程的安排，并要求法国有关部门尽快展开调查、缉拿犯罪分子，切实采取措施保障赴法中国游客的人身财产安全，防止类似事件的发生。

12 “度假天堂”里的爆炸事件

案例介绍

2007年9月29日，北京时间17点30分（当地时间14点30分），有着“度假天堂”之称的马尔代夫首都马累发生一起自制炸弹爆炸事件，造成包括8名中国游客在内的12人受伤，受伤游客第一时间被送往医院接受治疗。

案例分析

在旅游途中的突发事件一般有以下几类：一是自然灾害、事故灾难导致的重大游客伤亡事件，包括水旱等气象灾害；山体滑坡和泥石流等地质灾害；民航、铁路、公路、水运等重大交通运输事故；其他各类重大安全事故等。二是突发公共卫生事件造成的重大游客伤亡事件，包括突发性重大传染性疾病疫情、群体性不明原因疾病、重大食物中毒以及其他严重影响公众健康的事件等。三是突发社会安全事件，特指重大涉外旅游突发事件和大型旅游节庆活动事故，包括在大型旅游节庆活动中由于人群过度拥挤、火灾、建筑物倒塌等造成人员伤亡的突发事件等。

出境领队在突发事件处理中有非常关键的作用。如果说在处理突发事件中，应急领导小组是中枢的话，那么出境领队就是耳目、手足，要及时反馈事发地的情况并作妥善处理。危机时刻游客对于领队的依赖感是最为强烈的，因此，在处理好突发事件中，领队对安抚游客情绪，做好善后工作起着至关重要的作用。

案例详解

旅游行业是一个受外界因素影响大、比较脆弱的行业。近几年由于一些境外国家政局动荡、全球恶劣天气环境等影响，因不可抗力或突发事件造成旅行团未成行或是不完全履约而产生的纠纷大量出现。因此，旅行社应该建立常态化的应对危机的处理机制。

一、旅行社应该做什么

首先，旅行社应当将最新的有关旅游目的地突发事件的情况和相关国家政府部门发出的预警信息，以及正处于危险中的游客是否安全，现状如何，用最快捷的方式主动告知事件经历者的亲人和家属，并且保持沟通顺畅，随时接听游客家属的咨询，并积极沟通和联系所在地大使馆，给予游客必要的帮助并答疑解惑。

二、旅行社不应该做什么

旅行社不应该随便认定某种情况属于“不可抗力”，因为不可抗力是有着严格的法律规定的。《民法通则》《合同法》规定，“不可抗力”，是指不能预见、不能避免并不能克服的客观情况。2010 年 11 月实施的《关于审理旅游纠纷案件适用法律若干问题的规定》认为，由于恶劣天气、自然灾害、战争、罢工、骚乱、恐怖事件、政府行为、公共卫生事件等客观原因，造成旅游行程安排的交通服务延误、景区临时关闭、宾馆饭店临时被征用、出境管制、边境关闭、目的地入境政策临时变更、我国政府机构发布橙色及以上旅游预警信息等事由，可以适用《关于审理旅游纠纷案件适用法律若干问题的规定》第 13 条因不可抗力导致旅游合同无法履行之规定。但法律并没有赋予旅行社根据何种情况和程度，来认定何种事由是否属于不可抗力的权利。比如由旅行社将此次马累爆炸事件自行定义为“不可抗力”，在游客没有明确行使选择权的情况下单方取消旅游出行，将有可能承担违约责任等风险。

13 “换座”意外

案例介绍

某国际旅行社组织的考察团一行 14 人赴非洲考察。途经肯尼亚时，此团的旅游车与一辆卡车发生追尾，造成三名游客死亡、两名游客受伤。车祸前，因路途有点颠簸，坐在后排的一名游客与导游调换了座位，原本坐在副驾位置的导游坐到了后排（通常情况下，导游应坐在离司机最近的位置，如司机身后或者副驾的位置，以便于工作及提醒司机安全驾驶等）。

事故发生后，导游向当地有关组织紧急求助，当地救援组织派出直升机前往事发地，将伤员送往医院抢救治疗。导游还向当地警方报警，同时将事故向我国驻肯尼亚大使馆报告。旅行社及时成立善后小组，并组织游客家属赴肯尼亚处理善后事宜。有关方面还立即启动了保险理赔程序。根据事故鉴定调查结果，旅游车与其他车辆发生追尾，属旅游车全责。

经过与承保机构的多次交涉，伤亡游客及家属获得旅行社责任险赔偿款总计 164 万多元，同时还获得了由旅行社赠送的个人意外伤害险每人 26.5 万元的赔偿款。此外，旅行社也向伤亡游客家属进行了相应的赔付。伤亡游客家属对善后赔偿表示认可，善后处理圆满结束。

案例分析

此次事故从某种程度上来说与导游的安全意识不强也有一定的联系，例如，导游没有对要求与其调换座位的游客进行劝阻，而是同意其要求，因而未能尽到提醒司机安全驾驶的职责，为事故的发生埋下了隐患。

旅游者需要提高自身安全意识和保险意识。目前，我国游客对旅游价格、景点内容、行程安排问题十分关注，却往往忽视安全问题。游客因为路途疲劳，习惯于上车就睡觉，且不善于采用安全保护措施。据研究，如果正确使用安全带，致命车祸生还的概率约为45%。

在欧洲的一些国家，无论是乘坐大巴，还是面包车、小轿车，同车的人都会善意地提醒别忘系好安全带；在旅游大巴上，游客还会对司机超车或与人聊天、长途驾驶等行为进行提醒和劝阻，我国游客还没有养成这样的习惯。

在保险意识方面，很多旅游者仍然没有主动购买保险的意识。一是对意外事故存在侥幸心理，二是缺乏保险知识，以为旅行社责任保险可以赔付旅游过程中发生的任何事故。其实，旅行社责任保险仅仅承担保险责任内旅行社依法对游客所负有的赔偿责任，天灾、战争、旅游者自身原因等造成的事故均不在赔偿范围之内。从充分保障的角度看，旅游者应当为自己购买意外保险。

案例详解

境外旅游是众多旅游形式中较为特殊的一种方式，它是一种跨国界的、异族文化的旅游方式。在这种方式下，旅游的安全问题也变得比境内游更为复杂。境外旅游安全既包括传统旅游方式易出现的安全问题，还包括许多难以预测的、影响范围较大的安全问题。这些安全问题以不同的表现形态存在着，对境外旅游的人士造成一定的安全隐患。

一、传统旅游安全问题

传统旅游安全问题主要指在旅游活动中发生频率高、比较容易控制、影响范围相对较小的旅游安全问题，即传统“旅游六要素”的旅游饮食安全、住宿安全、旅行安全、游览安全、旅游购物安全和旅游娱乐安全 6 个方面。

（一）食物安全

很多饮食业中的个体为了追求暴利和短期获利不顾顾客安全，提供不安全的食物从而导致集体中毒、诱发旧病等各种各样的恶性事件，给旅游者带来疾病的风险和心理的不良影响。不良的餐饮从业者是旅游中饮食安全隐患的制造者。

（二）住宿安全

住宿设施的内部环境，如住宿设施内的空气质量会严重影响旅游者的身体健康；外部环境如交通噪声和污染物以及旅店安全通道、消防设备等的设置不当，都是住宿安全的隐患。此外，偷窃、打架斗殴等人为原因同样威胁着人们的安全。

（三）旅行安全

旅行安全事故往往是不可避免和难以预料的，如高速路、旅游公路的行车安全状况以及具体交通工具（如航班、游轮等）的安全性等，都可能给旅游者从居住地到旅游目的地之间，以及在目的地之间活动带来安全隐患。

（四）游览安全

游览安全与其他安全类型相比，具有自身特定的特点和规律性，不仅包括旅游主体的安全，还涉及旅游客体的安全。有些旅游者在游览过程中，喜欢冒险，但往往安全意识不强。在旅游客体安全方面，对旅游设施设备的安全隐患应高度警惕。

（五）购物安全

购物是外出旅游，特别是境外旅游的一个不可或缺的环节，然而，在购物过程中，经常暴露出一些安全隐患。旅游者携带大量现金或疯狂购物容易诱发抢劫盗窃甚至是劫持事件。此外，不少商家为了获取暴利，出售假冒伪劣的产品，这类产品在使用中可能造成一些意外伤害事件。

（六）旅游娱乐安全

旅游娱乐安全问题包括娱乐场所的火灾、打架斗殴、偷窃、黄赌毒、游乐设施事故等，尤其是赌博和卖淫，成为旅游娱乐场所最大和最常见的安全隐患。

二、非传统境外旅游安全问题

非传统旅游安全问题主要指旅游危机、旅游风险等难以预测的、发生频率低并对旅游业造成很大影响的旅游安全问题。旅游危机的表现形态多种多样，主要有恐怖主义、犯罪、战争、政治不稳定、传染性疾病等几个方面，大都是比较难以预测和避免的，这些问题往往被旅游者所忽视。

（一）恐怖主义

恐怖主义一般是与犯罪、暴力等紧密相连的，恐怖袭击曾经严重影响了埃及、巴布达、以色列、土耳其、美国、俄罗斯等国的旅游业，造成了很大的负面影响且损害了这些国家的形象，美国“9·11”恐怖事件是最典型的例子。

（二）犯罪

犯罪的表现形态多种多样，尤其是20世纪以后，犯罪不仅对旅游业的负面影响很大，也对国际安全带来很大的威胁，造成很多国家之间的国际关系非常紧张，甚至带来局部地区的战争，从而让境外旅游者面对更多威胁。

（三）战争

战争会给旅游业带来致命打击，往往战争、恐怖主义是相伴而生的，战争发生后，一般旅游业需要经历很长一段时间才能恢复。

（四）政治不稳定

政治不稳定通常情况下表现为某区域的政治关系比较紧张。这是一种不确定的风险，也许下一刻该地区就会发生政变或其他无法想象的政乱和内战。

（五）传染性疾病

传染性疾病的蔓延往往会引起区域性旅游危机，如H1N1在南亚、东南亚以及非洲的感染人数迅速增加；英国、荷兰等国爆发的疯牛病、口蹄疫事件以及SARS的迅猛传播。近几年出现的禽流感疾病也给人们带来了一定程度的恐慌。

14 两岸同胞心手相连走出“困境”

案例介绍

2010年10月24日上午，即将离台返乡的武汉旅游团团员依次和陪伴他们经历了艰难困境的台湾京城旅行社导游刘健鲁拥抱道别，感谢之情溢于言表。21日中午开始受困，22日傍晚走出险境，一起经历了从紧张、焦躁、绝望到重获希望、获得新生的30多个小时，这段特别时光成为受困大陆游客和台湾旅游业者难以忘记的一段“旅程”。

陪伴大陆游客一起度过艰难时刻的台湾导游，以及这期间帮忙处理联络抢救事宜的台湾相关旅游业者，回忆起这段惊险揪心的经历，都表示“两岸同胞危难时互帮互助，心手相连，最终得以走出困境，令人感动”。

2010年10月21日中午11时40分左右，有20多年带队经验的台湾导游刘健鲁，带领着游客们途经苏花公路114公里附近时，大巴车不得不停下来。“我们感受到强风暴雨的狂烈，看到路面上已经有落石，前面有些小轿车不敢走，停在边上，几位车主把车丢下跑出来避难。”刘健鲁和司机师傅判断确定：台风来袭，愉快的旅途要中断了。但如何能够保障游客们的生命安全呢？

“受困的时间已经有30来个小时了，刘导的电话一直保持畅通，台湾地区交通部门、旅行社负责人不断打电话来告诉我们外面的最新救援进展，鼓励我们安心等待，不要害怕。”刘健鲁说，正是这些源源不断、及时沟通的信息和温暖的互动，给焦躁中的大家带来了鼓励和希望。22日下午，直升机终于冲破阴雨天气飞到苏花公路救人。所有受困人员决定，让老弱病残的游客，受伤的弘泰旅行社游览车游客，以及各车的小朋友、老人先上机，先行离开灾害现场。

因为有400多人等待上机，刘健鲁决定带领剩下的部分游客徒步走出困境。安全人员在悬崖边的路上设置了一个便道，为徒步游客绑上安全绳，一步步往前挪动。在最狭窄的部分，有落石下来，十分惊险，大家心里都很害怕，有几次想要退回，最后在确定暂时无危险后，坚持走下来。安全人员帮忙女性游客背行李，尽力保护大家。“30多个小时里，我们能体会到很多真情，感受到互帮互助的仁义精神。”刘健鲁说。

案例分析

目前，各省市纷纷在导游人员岗前和年审培训工作中，侧重加强海外领队危机处理能力的培训，旨在提高领队在遭遇突发事件时的应变能力。

培训的目的，是提高领队导游在危机事件中的操作水平，学习一些突发紧急事件得到及时和妥善处理的经验，希望专业的海外领队们能在危机发生的第一时间，随机应变、冷静调度，采取更为妥善的措施应对危机。

案例详解

作为一名合格的导游，必须具备良好的综合素质，树立“没有安全就没有旅游”的安全意识，通过“读万卷书，行万里路”，学习和积累应对各种突发事件的经验。

其一，做好预防工作。出团前导游要了解旅游目的地的天气情况，做好预防准备，并告知游客。比如，如果目的地是山区，要特别注意降雨情况；如果是沿海地区，要留意台风预报等。

其二，要成为团队的主心骨。一个好的导游应该是游客的保护伞，任何时候都要做好安全防护工作。遇到紧急情况，要综合分析当前和后续情况，做出科学判断，根据具体情况灵活处理，力争将伤亡降到最低。

其三，导游应该具备应对各种情况的安全救生知识。如遇雷雨天气，要判断所处的地形地貌，防范发生山洪、泥石流险情；有雷电时，不要携带金属物品，不要站在高处，防止雷击；地震发生时，要往空旷地带疏散。

15 人文营销好导游

案例介绍

他不强迫游客购物，但一定用技巧将台湾地区独有的宝物推荐给游客；他不多说一句废话，但一定在关键的时刻讲出游客最需要了解的内容；他不谄媚任何一个游客，但一定扶老携幼、关怀弱者。他散发出的那种职业素养和人文情怀，折射着台湾地区旅游业的行业自律和当地的地域文化。

张坤昌，一位1977年出生、身高约1.75米的台湾高雄人，他在大巴车里咀嚼着槟榔、永远站立着（即使在阿里山弯陡的山路上）讲述台湾的人、台湾的宝和台湾的景……

第一印象

第一天，台湾地区中华航空公司的空客320在午夜降落桃园机场。出口处，一个身穿淡蓝色T恤衫的小伙子满面笑容地向我们挥着手。领队夏导快速迎上去，我们看出那个小伙子就是我们团的台湾地陪。

第二天，小伙子换了一件粉红色的T恤衫，在大家都上车之后，在前方贴挂了一张台湾地图。在这张地图上，他已用红色的碳素笔勾画出当天的行程。

“我叫张坤昌，你们可以叫我小张，也可以叫我张导。今天我们参观台北的故宫。”一番自我介绍后，他开始介绍台北故宫的宝物，并着重介绍了我们应该看的重点。张导对故宫的所有展品都了如指掌，绘声绘色地给大家介绍着，还时不时地与北京故宫的一些展品作比较，有时还穿插上颐和园长廊上的绘画故事。

推销中的知识与技巧

“珊瑚是动物还是植物？”离开知本前往红珊瑚中心参观的路上，张导开始向大家提问。有些游客说是动物，有些说是植物。到底是什么呢？张导给大家放了一段介绍红珊瑚的录像。

录像短片介绍，20世纪20年代前，人们一直误认为珊瑚是一种海生植物，经过生物学家潜心研究，发现它是海生珊瑚虫分泌出的碳酸钙骨骼，它既不是植物也不是动物。红珊瑚属于有机宝石，形成于100至2000米的深海中。天然红珊瑚是由珊瑚虫堆积而成，只生长在三大海峡（台湾海峡、日本海峡、波罗的海峡）中，每10年才能长1厘米，生长极缓慢，因此极其珍贵。

此次去台湾，很多人根本没有购物计划，只想看一看台湾的山水，但经张导的介绍，大家对红珊瑚的好奇心大增。旅游团的24位游客几乎都去购买了红珊瑚饰品，如项链、手链、胸针等。

人景交融的岛屿文化

没有去过台湾的人，都听说过日月潭和阿里山。深入台湾游后，很多游客更加喜欢东部沿岸的太平洋景观——五颜六色、碧浪滔天。

“你们有没有发现，东部几乎没有海水浴场，你们猜这是为什么呢？因为太平洋的脾气不好摸，浪非常大，很危险，你站在岸边的礁石上，一不小心就会被浪卷走。”张导指着车窗外以天蓝色为主的太平洋说，“但是，你看那海有几种颜色？最远处是深蓝色，依次是天蓝色、绿色、灰色、黄色，随着太阳光线照射角度的不同，海的颜色会变化。”

大巴车里的游客一个个发出赞叹：哇，好美呀，太平洋这么辽阔壮观。

张导说，这样的景观你们会看两个下午，我们一路走回去，都是这样的景观。内地有位作家写了一本书，书名是《台湾最美的风景是人》，我非常喜欢这本书。其实，台湾的特色是人情，人情味非常浓。

团里的游客与台湾当地人的接触也就在饭店和宾馆，所以对台湾人的更多印象都是通过张导的讲述和他的言行举止了解的。

比如，张导第一天在车上就说，你们喝完矿泉水的瓶子不要随便扔掉，车上有一个箱子，你们全部放在那里，到北回归线时，我要把它们送给一位老兵，他可以拿来卖钱。等我们的车到达那个景点时，果然看见一个戴小红帽的老人手拿着一个大袋子向张导直奔而来。

在这一幕发生前，张导已经开始铺垫，在车上放了一部关于台湾老兵的故事片，让大家对台湾老兵的现状有所了解。但他提醒团员，千万别给钱，这些老兵很看重尊严。

张导每到一个景点都会告诉大家，哪个地方拍照是最好的位置，然后会亲自为每个团员拍照；他还时时扶老携幼，护卫大家游览。在去阿里山的路上，他会提醒大家吃晕车药，没有带的，他会让司机停在一个药店旁，告诉大家买两颗就够，上山一颗，下山一颗，而且会提醒大家什么时候吃最管用。所以，在阿里山的盘山路上，我们团上至73岁的老人，下至3岁的孩子，没有一个晕车的。

台湾环岛游结束后，在桃园机场，一位台湾观光局委托的第三方调查机构的调查员向记者调查整个旅游行程中的问题，如，对导游满不满意？旅游景点有没有警戒提示？宾馆的舒适度还存在什么问题？您还有什么建议等问题。政府监管和行业自律机制原来从来没有远离游客，难怪我们团的一个游客在旅游公司的问卷调查中写道：台湾真美，我爱台湾；张导真有情，我爱台湾人。

案例分析

台湾的导游、司机、各类服务员都展现了良好的职业素养，让许多去过台湾旅游的大陆游客有一种心情舒畅的愉悦，甚至会常常不自觉地回忆和眷恋。在内地，许多企业常常为员工做管理沟通和职业素养培训，尤其是从事导游服务行业的旅游从业者。但每每课堂结束了，也就真的结束了。许多人在“职业化”的背后，却是以“自我需求”为中心的固执。

导游员的职业素养，关乎着从业人员的价值取向，关乎态度认知，关乎行为习惯，关乎以“我”为中心，还是以“导游工作和社会责任”为中心。一些导游从业者，之所以从事这一行业，正是因为追寻这项工作的自在与从容。

案例详解

台湾地区导游综合素质高是很出名的，他们的敬业精神和文化素养，表现在以下几个方面：

一、生活化

以台北故宫为例，在讲解中，他们不单单是对每件文物进行讲解，还和现代相结合，介绍过去这件玉器是干什么用的，到现在又有什么变化等，文化的交融、时间与空间的转换，拿捏得恰如其分，非常“生活化”。

二、娱乐性

在台湾地区，很多导游是兼职，或是从教师、公务员、警察等行业转行的。虽然没有经过系统培训，但他们有非常丰富的阅历，在导游讲解方面，显得更灵活。导游解说时借鉴台湾娱乐节目的风格，很受游客的欢迎。

三、体验性

台湾地区的工业旅游项目不少，而且都有动手操作环节，在一些观光工厂参观时，台湾导游除了讲解基本知识，还会教游客一些游览之外的知识。这种体验式旅游，能让游客更开心、更愉悦。

四、知识性

台湾地区的导游讲解有丰富的内容，能将食、住、行、游、购、娱等各个方面融入各类知识，并旁征博引、融会贯通、引人入胜。导游员能针对每个景观从不同角度反映出它的特色内容，使所有的客人在听过讲解后，既增长了见闻又扩展了知识面。

16 领队无精打采，旅游失光彩

案例介绍

孙彬是一位保险业务员，个性活泼、喜爱结交各方朋友，更喜好游山玩水，每年总会出国旅游，有丰富的参团经验。去年曾与某旅行社因质量不佳有过纠纷，所以今年孙彬格外小心地挑选旅行社，最后决定参加一家通过ISO质量体系认证的国际旅行社所组织的新西兰精华八日游。过年期间旅游团费比较昂贵是众所皆知的，该旅行社的团费更是贵中之贵，为了享受高质量的春节假期，孙彬认为团费虽然比较贵也是值得的，但想不到千挑万选的旅行社却让孙彬留下极不愉快的回忆。

这个旅游团的领队贺某因刚从欧洲带团回国，随即又带这组旅游团，整个人时差仍未恢复，不仅体力不济、神情恍惚，带起团来也毫无热情可言。八天行程中甚至没有安排机会让团员自我介绍互相认识。新西兰的行程以车程长为特点，且全程没有地陪，领队一上车就打呼睡觉，或是只介绍三五分钟，就放音乐让团员一同昏睡。到达落脚的饭店时就算天色犹亮，也不曾介绍周边环境，团员请他介绍地理或讲笑话，他却冷漠地回答："谢谢！你们讲，我听"。在皇后镇时，旅游团所住饭店在市区外围，领队拒绝了团员去闹市参观的要求。孙彬一行几人，自行摸索到镇上却看到其他团领队带着客人，有说有笑的夜游，比较之下，更觉得沮丧。

在住宿方面，除夕夜预定住品质酒店（QUALITY HOTEL），到了饭店门口领队却不让团员入内，而是拿了钥匙将团体带至拐角远处另一头，由一小门进饭店，该住宿地破旧漆黑没有大厅，整栋建筑只有孙彬这个旅游团入住，与酒店无门相通，电话系统也不相通。领队没交代其房号，发完钥匙后一溜烟就不见人影了。房间内电话无按键，必须要由总机转接，晚上总机及柜台人员下班后，团员无法使用房内电话，房间之间也无法互相联络。在找不到领队的情况下，团员欲到街上打电话，在空荡寂静中发现没有服务人员，除了可出不可进的安全门外，所有的出口都上锁了，团员质疑这样的质量绝不是品质酒店。

餐食也让孙彬一行很失望，每餐都只有五六道菜，每次都是卤鸡翅、糖醋鱼、煎蛋、炒两个青菜，还不如北京一个四十元的套餐。除夕新年也未获加菜，吃得不好，情绪就不好，整团的气氛当然就很差。孙彬在旅行结束前，在意见单上把满腹的怨言写了一大篇。可想而知，一场本不应出现的纠纷也将开始了。

案例分析

一个旅游团队出境参观的满意度，受到许多因素的影响，如交通、住宿、餐食、游览等，而其中最关键的因素就是领队。像本案例中这样兼导游讲解及服务的领队更是责任重大，不仅要尽到领队的职责，同时还要对旅游景点解说介绍，一人兼两人掌控整个团队行程，若没有很好的体力及能力，一般人无法胜任这个职务。

但我们看到，此团领队贺某因时差仍未恢复，体力不济，带起团来无精打采，一上车就打呼睡觉，就算有满腹学识及经验，团员也无从受益。领队在行程外确实没有义务再陪客人，但该领队若能多用点心思，提供饭店的地图及夜游的信息，除夕夜加些餐品，客人也能够体会其贴心服务，其他的问题自然也就不那么计较了。

因此，旅行社在选择和聘任领队时一定要突出强调以下几点：①领队身上寄托着组团旅行社的信任和期望；②在境外，领队代表组团旅行社的利益和旅游团的利益，要督促境外旅行社和导游执行旅游计划；③领队受组团旅行社委托，实施旅游计划，要保证组团社与游客签署的旅游合同有效实施。

案例详解

在出境旅游中，领队的作用举足轻重。一个称职的领队，不仅可以为游客提供较好的服务，而且可以及时发现问题，扭转被动局面，把旅游纠纷消化在旅游途中；而一个不合格的领队，由于其服务态度、技巧、技能等原因，可以把一个原本和谐相处的团队弄得一团糟，甚至是激化矛盾。

出境领队在服务中主要存在以下几个方面的问题：

第一，领队不能认真履行工作职责。

第二，领队的业务素质不能满足游客的需求。领队证只是考试合格的标志，是领队合法身份的象征，但并不意味着具体的领队工作真正合格。领队是否称职，应当由实践来判断，应当由游客来评价。案例中的领队虽然有领队证，但其服务显然不符合要求。还有不少领队的外语水平很低，离开地陪的服务寸步难行，在境外为游客提供服务只能依赖地陪。

第三，领队不能维护游客的权益。在旅游期间，游客权益的保障，固然依赖游客与组团旅行社的合同约定，但更为重要的是，约定的权利、义务必须得到全面的履行。现在有些游客回国后，投诉领队和境外商场或者地陪合谋，共同损害游客权益。

第四，领队随意承诺游客。特别是旅游团出现一些意料之外的事件后，领队为了暂时平息事态，不论游客提出什么要求，往往会随意承诺，如答应游客团队行程结束后立即处理，或者承诺游客保证1个月内解决问题，而事后并不能兑现承诺。当游客要求领队或者组团旅行社兑现承诺时，领队采取拖延或者避而不见的方式，躲避游客的追究。

第五，领队善后处理不到位。在旅游途中或者行程结束后，游客有时会为了商品质量或者其他问题寻求领队的帮助，由于领队一年四季都在境外带团工作等原因，没有及时将游客的需求报告旅行社负责人，直接影响了游客维权进程，甚至错过了游客维权的机会。有些领队则一味指责游客，而不自我反省，导致矛盾的激化。

17 风俗禁忌

案例介绍

在东南亚国家中，泰国可以说是最富特色的旅游胜地。景色、文化或风俗，均别具一格，而且带有很浓厚的佛教色彩。陈先生是位旅游爱好者，他在某国际旅行社报了名，并参加了新马泰三国七日游。由于该旅行社组团人数不足，在征得陈先生和其他游客同意的前提下，将其他两家旅行社的10名游客也拼在了同一个旅游团，直到出发前一天，领队是哪一位还不清楚，到飞机场时，领队宋某才出现。

宋某和大家简单认识了一下后，就帮着大家办理登机手续，一路上的行程安排得比较合理，陈先生非常满意。在第5天，旅游团到达了陈先生最向往的美丽城市曼谷。奔流的湄南河，像一条闪光的缎带，系在曼谷市的腰际，把城市分为了两半。地接导游按照接团计划，第一站就带游客去了泰国最有名的“护国寺”——玉佛寺参观。当所有的游客正准备进寺参观时，陈先生被地接导游挡在了门外，一问才知道，原来在泰国参观寺院时必须要穿着整齐，而陈先生只穿了休闲短裤和露肩背心。情急之下，陈先生只能在寺院旁的服装店里花高价买身衣服，在试衣服时，店家的小儿子正在摇篮里玩耍，陈先生很本能地用手摸了一下小宝宝的头却激怒了店主。店主将陈先生赶出了商店，并用泰语说了一大串的话，陈先生感觉这些话一定是在诅咒自己。一头雾水的陈先生衣服没买成，自然也无法进入寺院参观。

在门口等待的时候，陈先生和司机师傅聊天，想了解一下自己到底犯了泰国人什么样的忌讳。司机师傅用不太流利的汉语告诉陈先生："在泰国人的观念中，头部是全身的灵光之地，不可以随便触及。家长们认为自己家里孩子的头上是有佛光的，如果被别人摸了，佛光也就不见了。只有国王、父母和僧侣才能摸小孩子的头，即使去理发的时候，也要先说声：对不起。听完了司机的解释，陈先生对自己刚才的无知感到非常抱歉。

可此时的陈先生心里还在想一件事情，就是要投诉旅行社和领队，为什么不在出国前将这些禁忌提前告知呢？越想越生气的陈先生拿起电话打到了国内。

案例分析

作为出境旅游团，在旅游团出发之前，旅行社必须要为旅游团指定专业的领队，并召开行前说明会。领队在说明会上将出行可能出现或异国的一些情况要进行简单的介绍，使大家未雨绸缪，避免因不懂风俗习惯而出现差错。

在本案例中，旅行社由于领队人选迟迟未定，导致没有召开行前说明会。陈先生在国外因不懂习俗而没有进玉佛寺参观，主要原因在于领队行前工作落实不细，领队在新加坡和马来西亚的几天的行程里，完全可以对下一站泰国游进行注意事项的提醒，但是，宋某并没有这样做，忽视了非常重要的环节，引起陈先生的不满意。

人常说“入乡随俗，入国问禁”，导游作为旅行社的代表，有责任有义务对旅游地的法规、风俗和禁忌进行讲解，对要点还要反复强调，必要时也可以适当引用典型事例起到警示的作用。这不仅关系到责任问题，一旦出了问题，对整个旅游团和整个旅游活动都会产生很大的负面影响。因此，导游服务一定要做到客人前面，使游客有方便、适用的感受。

案例详解

很多游客到泰国旅游都会被它迷人的异域风光所吸引，但是，泰国有很多的风俗禁忌会让很多游客手足无措，甚至会出现笑话。只有注意旅游的风俗禁忌，才能拥有舒心惬意的旅程。

第一，泰国的出入境。在抵达机场之前填写海关报表，申报携带入境的外币数额不能高出 5 万泰铢，否则可能会被逮捕、控诉或者没收超额部分的钱。根据泰国有关规定，允许携带入境物品的免税数量为：1 千克的酒、50 支雪茄、250 克烟丝、200 克香烟以及 5 卷电影胶片，此外各种肉类、植物、蔬菜等禁止入境。旅客可以在免税商店购买 1 千克酒、1 架相机、1 架摄影机和个人佩戴的珠宝首饰等出境。盗版的作品不要带入境内，即使你的电脑软件和美术作品是合法著作，每一作品每人也限带一份，绝不允许携带麻醉剂、毒品、色情书刊及武器等。

第二，了解泰国的通信情况。去泰国旅游不妨记住这些重要电话：旅游警察服务电话 1155，工作时间为每日 24 小时，口号是“记住一个号码，游遍全泰国”，目的是为游客提供快捷的服务，并使服务达到国际标准，使国外游客对到泰国旅游充满信心。其他重要电话为：报警求助 191、火警 199、急救中心 1691、医疗救助 1669。

第三，泰国风俗禁忌要知晓。泰国人不喜欢勾肩搭背，不喜欢从背后惊吓别人，女士进入宫殿时不可穿短袖和无袖装，男士必须穿有领子的上装，不得穿拖鞋，男女不得露肩。打招呼要双手合掌，不可用脚指人或物。不可以触摸别人的头，因为在泰国头部是身体最神圣的部位。公共场所男女不可有太过亲密的动作。赌博在泰国是不允许的，哪怕是在酒店里打麻将和玩牌。

第四，身处泰国的安全。小心自己的财物，财不外露，贵重物品随身携带。住宿饭店后先观察紧急出口的位置，如发生警报，不要慌张，迅速有序离开。休息时扣上房间的安全锁，不要给陌生人开门，不要在床上吸烟。如果你所在的酒店的游泳池未开放或者无救生人员在现场，不要擅自进入。在水上活动时，要穿好救生衣，切勿超过安全警戒范围。与动物合照时，要听从驯兽师的指导，以免因人为因素发生意外。

18 领队此话妥当吗

案例介绍

某旅游团即将离开澳门前，一位游客怀着爱国热情购买了80元一只的“澳门回归纪念表”，但到珠海的地摊上看，一模一样的表只卖30元一只（还未讨价还价）。此时该游客感到受到了戏弄和伤害。于是他指着该团领队的鼻子气愤地说：“你们在欺骗游客，看看，相同的表价格却相差50元。”“你怎么能这样说话呢？”领队不服气地说：“一瓶可乐在超市里卖1.80元，在小商店里卖2.50元，在大饭店里卖10元，在宾馆咖啡室内要卖30元，你说商家在欺骗消费者吗？”那位游客望着领队的脸久久说不出一句话。旅行结束后，该游客写信给旅行社，要求退还他所购纪念表的钱款。同时又批评领队的话说得不妥，认为他是在为欺骗游客找借口。

案例分析

在本案例中，从单一层面来分析此事，领队那番话并无不妥，而且也没错误。问题是该领队在当时的氛围中，并且带有顶撞以及较为冲动的态度，此举就显得不妥当了，容易给人一种故意冲撞的感觉，使游客的心一下就凉了。只因为这句话，游客就会把领队前面所有的服务和对游客的尽心尽力一笔勾销了。

“言乃心之声”，不合时宜的语言不但会损伤游客的内心，也损害导游员自身的形象。所以，把话说到“位”，说到“关键”处，从而使游客满意并能够欣然接受也是一门艺术。一个旅游团是否成功，导游的语言表达非常重要，可见，学好语言、掌握好语言、运用好语言是一项长期的任务。

案例详解

出境领队是游客出国旅游的“知心人”，游客不仅仅需要他们专业的带团服务，更希望能与他们相识相知，成为朋友。本案例中，领队语言不够礼貌，没有注意语气文雅，不合乎领队对游客的礼仪。提倡礼貌用语，说话讲究文明，这是各行各业，尤其是旅游服务性行业职业道德的重要内容之一。

导游语言应当合乎礼仪，如果语言不美，说话粗鲁，会直接影响旅游者的情绪；甚至引起误解、争吵、投诉。文雅、谦逊的语言可表现一个人的气质和修养，彬彬有礼的导游语言会使旅游者产生一种信任感和亲切感，有利于相互间沟通和增进友谊。

19 罗女士欧洲游烦恼不已

案例介绍

罗女士和其丈夫林先生在2013年春节期间参加欧洲商务旅游，于1月24日8时40分在汕头机场乘机经香港转乘英国航空公司（BRITISHAIRWAYS）028航班前往英国伦敦。乘机前他们在汕头机场办理两件行李托运。当地时间1月25日5时左右到达伦敦后，在领取行李时，意外发现其中一件条码编号为0784CZ093414、内存放近万元物品的行李包不见了。据罗女士称，她与丈夫都不太懂英语，而当时随团的领队英语水平也很差，当地的地接导游又进不了机场，他们只能在机场与有关人员比画了半天讲明有一件行李丢失，对方表示会进行调查。因怕耽搁整个旅游行程，他们只好先出了机场，心想行李应该能追回。没想到在欧洲旅游的10多天时间里，行李一直都没能找到。当时的欧洲天气寒冷，罗女士夫妇的衣服全都在丢失的行李箱中，又因为整个旅程的时间安排十分紧密，他们几乎没有时间去购买衣服，整个旅程只好受寒受冻，特别是在瑞士的雪山游玩时因过于寒冷根本无心赏景。

回到汕头后，罗女士向旅行社提出赔偿，其理由为：领队不合格，不仅没有担当起翻译的工作，在处理行李丢失事件中没有尽心尽力，沟通不畅，致使整个行程非常不愉快。

案例分析

旅游者的行李丢失现象往往发生在运输途中或搬运过程中。行李丢失会给游客带来许多生活上的不便，对出门在外的游客来说，旅游也会索然无味。本案例中的领队以陪同的身份一同出境，但是因其语言能力差，在罗女士出现行李丢失时，不能提供相应的服务，存在失职行为。虽然行李的丢失并不是领队的责任，但是，领队也应该积极而认真地对待，并协助寻找。

万一遇上行李丢失的情况，首先不要太慌张，记得要做以下步骤——

(1) 查询：应当立刻持行李票、登机牌向机场工作人员咨询，或者到机场行李查询处查看相关情况。行李查询处一般会联系你所乘坐的航空公司进行查找，正常情况下航空公司的系统可以查询到你的行李去向，比如行李没跟你搭乘同一班飞机，需要等下一班，如果时间允许，建议在机场等，如果等待时间较长，机场和航空公司会提出将行李送到酒店或你指定的地点，并作出时间承诺。

(2) 提出要求：如果是需要旅客等待较长的一段时间才能拿到行李，那么航空公司一般会向旅客支付一些购买换洗衣服、洗漱用品等急需用品的现金，或者让旅客在指定的一定限额内自行购买一些生活急需用品，然后凭发票报销，这笔费用在行李找到后是不必退还的。许多旅客并不知道航空公司的这些规定，因此无法享受到这种权益，所以要记得敢于提出此类合理要求。

(3) 交涉赔偿：航空公司一般不会立即做出赔偿决定，不过如果确定行李找不到，那么就要向航空公司交涉赔偿了。一般来说，航空公司对行李丢失的赔偿是看重量而非行李本身的价值，平均国际航线上的赔偿标准是 20 美元 / 千克，而国内航线是 50 元人民币 / 千克，如果你在托运行李时有购买行李保险的话，便可以得到与保费额相符的赔偿了。

此外，大部分丢失的行李都会被找回来的，但是几经辗转，行李箱可能破损，在这种情况下，也可以申请赔偿。

案例详解

有许多游客经过十几个小时的飞行，来到异国他乡，还没来得及感受美丽风光，就拖着疲惫的身躯来到行李提取处等待托运行李，结果左等右等，输送带都转了十几个圈，却唯独不见自己行李的踪影。是别人拿错了，还是行李来不及上飞机，或者是行李根本就在转运的过程中意外丢失了？面对这种情况，你该如何找回丢失的行李？有没有什么方法可以未雨绸缪，降低行李丢失的风险呢？

一、托运的行李为何会丢失

托运的行李为什么容易丢失，尤其是在需经过长途飞行，又必须转机转运的情况下，丢失行李更为常见，这是为什么呢？目前总结起来，托运的行李容易丢失的原因主要有以下三个：

（一）安检加强，管理却跟不上

如今全球各地的机场都在加强安检，导致行李托运量大增，航空公司在管理上力不从心，特别是对转运的行李，总是处理不及时，因此经常出现人已经上飞机，而行李依然滞留在机场的问题。

（二）安检程序存在漏洞

目前一些机场在安检程序上存在漏洞，比如大部分航空公司是通过条形码标签系统来分辨将旅客的行李装运到哪个航班上，但是条形码系统的识别率只有 90% 左右，因此航空公司还要投入人力将分拣的行李运送到不同的航班上，这些过程都容易出错。而在检查过程中，监管不到位也为窃贼盗窃行李提供了方便，如有些机场将行李用传送带运到乘客看不见的地方进行检查，这些地方没有安装摄像头，窃贼便有机会向行李下手，更糟糕的是一些安检人员会监守自盗。

（三）没有比对行李牌

大部分机场虽然规定乘客离开机场前必须出示他们的行李箱标签，以此作为对照，但因为人手不足，不少机场并没有执行这个规定，因此一些盗贼便会趁人不备先行将行李从输送带取出。

二、如何预防行李丢失

即使托运的行李并不是由你随身看管，但在托运之前，也可以有一些方式保障行李安全，降低行李丢失的风险。

（一）分类放行李

打包行李时，记得分好类别，贵重物品随身携带，不要托运，而一些不太重要或是不方便携带的行李则放在行李箱内。要特别提醒一下，如美国等地，规定托运行李是不能上锁的，因此为了减少安检人员在开箱检查你的行李时顺手牵羊，最好不要在托运行李中放重要物品。

（二）提前抵达机场办手续

如果是搭乘国际航班，或是能够预见到机场人比较多，办理手续可能需要排长队的话，最好多预留些时间，提前到机场办理托运登机手续。

（三）检查行李牌

在办理行李托运手续时，最好查看一下航空公司工作人员给你的行李牌是否准确写明了你的目的地。

（四）使用易于辨别的行李箱

不少行李箱都是相似的，因此被拿错的概率会大大增加。最好挑选颜色、款式、图样容易一眼辨别的行李箱，或是在行李箱上贴上一些独特的标记，这样万一丢失，也容易根据你的描述快速找回。

20 演出结束后

案例介绍

孙先生一行25人和领队王小姐在旅游车内已经静坐了两个半小时了，泰国的导游和司机空调不开，车门不开，目的只有一个，必须参加自费项目。王小姐十分无奈地对大家解释，这个费用在行程里已经标明了，希望大家还是配合一下。眼看晚餐的时间就要到了，孙先生和大家低声商量："为了不吃眼前亏，还是先把钱交了吧！回去再投诉，合同是合同，不看也不该强迫咱们，看看能不能解决问题。"就这样，25位游客在极不情愿的情况下将每人800元的自费项目款交到了泰国导游的手中。

接下来，地陪导游领着大家观看了一场令人"瞠目"的人妖表演，对于中国游客来讲，大家都是在传统儒家思想教育的影响下成长起来的，总感觉这样的演出有伤风化。但是，当演出推向高潮时，人们的惊诧声，此起彼伏，许多游客被泰国的这种独一无二的人文风情所折服了，也明白了为什么泰国能成为风情独具的国度。

在演出结束时，孙先生们十分好奇地发现游客们都在往舞台前跑，领队王小姐告诉大家："游客们是要和人妖合影留念。"旅游团里的男男女女也觉得留个纪念不错，于是纷纷上前拍照。照片拍完后，大家刚要走，却被拉住了衣服，此时 4 个体态魁梧的大汉走了过来，领队王小姐马上明白了，从自己的包里拿出了 100 元人民币，大家才被放行。这突如其来的一幕，让许多游客失魂落魄，不知所措。出了剧场的大门，领队王小姐对大家说："这是泰国的特有情况，像这种合影是要付小费的，你们可不要以为是免费的！如果不是刚才我反应的快些，这几个打手，可是会动粗的，不过，我刚刚付过的 100 元大家可是要平摊的。"

大家无语，回头看了一眼这个让大家心惊肉跳的地方，百感交集。

案例分析

走出国门的游客，对异域的风情了解不多，许多人往往会因为一个不小心而受到"处罚"。领队在旅游团中应当起到及时提醒的作用，将一些特情提前告诉给游客，以免出现本案例中的情景。

领队要帮助游客及时调整好心态，不要一味地把国内的经验套用在出国旅游上。中国游客大可不必把有些不满意的事情升到政治因素，尽量不要谈论政治和宗教。旅途中不可避免会碰到很多烦心事，游客应尽量放宽心胸，相信会有一个愉快的旅程。

案例详解

在泰国观看人妖表演时，游客应该注意以下几个细节：①与人妖合影要付 20 ～ 40 泰铢，不能露出大额的钞票，有些人妖甚至会抢钱。②人妖为了多拿小费，有的会故意拉游客的手去摸“她”，导游一定要提醒游客注意，这种收费会很高，不要上当。③国情不同，对这种不熟悉和不了解的艺术形式不要进行评价，以避免引起不必要的麻烦。

地陪导游篇

地陪导游服务是导游接待各个环节中最重要、最基础的环节，是确保旅游团整个接待计划顺利完成的基本保障。地陪导游责任重大，地陪导游不仅仅是一个旅游团中最核心的人物，更是全团游客的“靠山”。

在当地导游服务过程中，地陪应按时做好旅游团在本地的迎送工作；严格按照接待计划，做好旅游团在本地参观游览过程中的讲解和接待工作安排；妥善处理好各方面的关系，按导游服务质量标准提供各项服务，让游客高兴而来，满意而归，做好地方“形象代言人”。

01 导游让我“快跑”

案例介绍

旅游本是一件舒缓心情、补充正能量的快乐之事，但是李平却万万没有想到，自己竟然会因此摔伤致残。

李平及同事赴外地一景点旅游。在游览该景点博物馆时，由于时间紧张，导游小张催促大家快跑，李平在随导游跑向博物馆的过程中被入口处的台阶绊倒受伤，随即被送往当地医院治疗。李平的伤情被鉴定为八级伤残。他一怒之下，将组团旅行社和导游告到了法院。

案例分析

本案例中，李平的伤情被定为八级伤残，游客认为：导游在游客对景点场地不熟悉的情况下催促游客快跑，且没有给予言语提醒，未采取防止危害发生的必要预防措施，即未尽到安全保障义务，造成原告人身损害。

导游工作具有复杂性的特点，临时出现的一些小状况都有可能导致意外事件的发生。导游小张对景点景区线路和参观时间掌握不准确，催促游客快跑，间接导致了游客摔伤。深刻的教训告诉我们，在带团前一定要做好充足的准备工作。

案例详解

作为一名地陪导游员，不但要了解熟悉本地区的旅游景点及情况，而且要了解熟悉我们国家其他地区的旅游资源及情况。目前，旅游景区越来越多，供人们旅游的线路也在逐年增加，所以，对每一位导游员来说都有第一次到不熟悉或陌生的地方去陪团的经历。

本案例中，导游员对博物院展览时间安排不合理，催促游客快走，导致游客意外受伤。对于刚刚从事导游工作的新人来讲，应该在带团之前做一些积极的准备。比如，可以向老导游或者已经去过的导游学习取经，特别要请教关键性的几个环节，包括机场位置，去旅游景点、宾馆饭店的所需时间，当地的风土人情、土特产、旅游景点的特色等。同时，导游员应该进行提前"踏线"，对景点进一步地了解熟悉。只有认真对待每一次带团，做好充分的准备，才能使游客对行程感到满意。

02 清点人数的重要性

案例介绍

被遗忘的"悲剧"

曹先生跟随某旅行社到草原旅游，途中，当游客们参观完景点后，随团的导游在未清点人数的情况下，便要求旅游车驶离景点。

曹先生发现自己被“落下”后，立即搭乘当地人驾驶的摩托车追赶旅游车，途中，曹先生突发心脏病，经抢救无效死亡。经查，曹先生患有冠状动脉粥样硬化性心脏病、缺血性心肌病。

反复地数

导游小强非常热情。一上大巴车，小强就开始清点人数：“1、2、3、4……”一直点到“15”，小强才示意司机“开车！”后来到了机场，小强也是马上清点人数，大家明显感觉人都到齐了，小强还是非点一次不可。

翌日进入景点后，小强要求大家一律戴上旅行社统一发放的红色帽子，还时不时地吆喝着“跟上”“慢点”“别掉队”。景点参观结束后，他告诉游客在相对空旷的地方集合，然后开始清点人数：“1、2、3、4……”神情先是紧张，一直点到“15”时，他的脸上才露出笑容。

小强说：“如果带团走丢了人，即使只丢了一个人导游都是要承担责任的，是一种失职行为。”难怪小强那么“酷爱”清点人数呢！

案例分析

案例一，可以说是一起不应该发生的“悲剧”，导游在未清点游客人数的情况下要求司机驶离景点的行为，未达到旅游合同约定的服务标准。

地陪导游员在景区参观结束后，要进行人数的清点，待游客全部集合完毕后方可离开。但是，本案例中的导游未尽职责，遗忘了游客，作为委派其出团的旅行社应对曹先生的意外死亡承担相应的赔偿责任。

案例二，导游小强，数次反复进行人数的清点工作，认真的工作态度，对游客负责的职业精神，让客人留下了深刻的印象。

案例详解

随着导游员年龄结构逐渐向“90”后过渡，越来越多的年轻人从事导游工作的出发点就是金钱至上，忽略了旅游服务工作的主旨“把服务做好”。由于他们服务意识欠缺、责任心缺乏、抗压性差等问题凸显，在带团中出现了太多问题，直接影响了旅行社的团队服务质量，甚至于影响了旅游目的地城市的形象。

其实，导游员的工作要体现在每次带团中，也就是要有一颗“责任心”，每一次上车讲解前，要把人数清点好，这是对导游最基本的要求。

03 导游擅改行程

案例介绍

李先生随团去南京旅游，按合同约定，应在南京游览5天。旅行社委派了一位姓张的导游担任该团陪同，张导游在没有征得旅行团同意的情况下，擅自将日程作了变更，将游览中山陵的时间改为购物，整个行程减少了一天，旅行团对变更提出了质疑，但张导游未作解释。

李先生向导游讨说法，张导说：“南京天降暴雨，积水封路不能通行，旅行团前往中山陵是不可能的，这是不可抗力导致的。”

案例分析

根据《旅游法》第六十九条规定：旅行社应当按照包价旅游合同的约定履行义务，不得擅自变更旅游行程安排。另依据《导游人员管理条例》规定："导游人员应当严格按照旅行社确定的接待计划，安排旅游者的旅行、游览活动，不得擅自增加、减少旅游项目或者终止导游活动。"

本案例中，张导游擅自更改接待计划，造成旅行团未能游览中山陵，导游没有完成自己的工作任务。《旅游法》第七十条规定：旅行社不履行包价旅游合同义务或者履行合同义务不符合约定的，应当依法承担履行、采取补救措施或赔偿损失等违约责任。

目前，许多地陪导游人员不能严格按照导游人员工作流程和标准为游客提供讲解及相关服务，造成投诉数量的攀升。规范地陪导游人员的带团规范和流程，有利于加强旅游行业公信力的提升。

案例详解

游客与旅行社签订了旅游合同之后，导游员接受了旅行社的委派，应严格按照合同中规定的行程进行参观游览。根据《旅行社管理条例》规定：未按国家或旅游行业对客人服务标准的要求提供导游服务的，旅行社应赔偿旅游者所付导游费用的2倍；导游人员违反旅行社与旅游者的合同约定，损害了旅游者的合法权益，旅行社应对旅游者进行损失赔偿，导游人员擅自改变活动日程，减少或变更参观项目，应退还门票费、导游服务费。

从游客的角度来讲，导游在旅游活动过程中有举足轻重的作用，遇到不按合同做事、随意调整行程的导游会使旅游行程变得不愉悦，也会使旅行社的信誉严重受损。因此，加强导游人员业务规范，提高导游个体的综合素质尤为必要。

04 地陪强迫购物引来记者

案例介绍

陈先生一家计划利用假期去某地旅游，面对种类繁多的旅游产品，陈先生选择了某旅行社一个价格低、景点多的旅行团，该旅行社口头承诺行程中没有购物项目。行程刚开始，地接导游王某就不断地向游客推销特色产品，陈先生一家没有进入购物店，王某就“威胁”，不进店就不给酒店钥匙，导致陈先生一家在酒店大堂等候达 2 小时。

次日，又到了购物店，陈先生一家因再次拒绝进入购物店去消费，被导游甩在购物店门口等候其他游客参观。陈先生非常气愤，向旅游行政机关投诉，并请来媒体对此事进行报道，造成了很大的影响。

案例分析

本案例中，似乎是导游的不恰当行为，导致游客向旅游行政单位及媒体进行投诉。根据《旅游法》第九条规定：旅游者有权自主选择旅游产品和服务，有权拒绝经营者的强制交易行为。本团仍为典型的低价团，违反了《旅游法》第三十五条：旅行社不得以不合理低价组织旅游活动，诱骗旅游者，通过安排购物或者另行付费旅游项目获取回扣等不正当利益。如有违反可依据第九十八条规定给予处罚。此现象的出现与行业不正规操作有密切的关系。许多游客在旅游过程中，会将因旅行社产品质量问题而出现的“情绪问题”发泄到导游员的身上。因此，导游员有必要在旅游车上与游客再三确认好旅行社的具体行程，以避免问题的产生。

案例详解

本案例中导游甩团属于严重违规，强迫购物并态度蛮横导致游客投诉和媒体曝光，在处理此类事件时一般都是按违约责任来处理。导游人员要严格按合同规定对行程进行合理安排，在购物服务中应按如下基本要求来落实：

（1）在旅游者购物时，地陪应向全团讲清停留时间及购物的有关注意事项，介绍本地的特色商品，承担翻译工作，如旅游者需要可协助其办理商品托运手续。

（2）如遇小贩强拉强卖时，地陪有责任提醒旅游者不要上当受骗，不能放任不管。

（3）对商店不按质论价，抛售伪劣商品，不提供标准服务，地陪应向商店负责人反映，维护旅游者的利益。

（4）地陪应严格按照合同规定的购物次数、购物时间，安排旅游团到旅游定点商店购物，严禁擅自增加购物次数、延长购物时间。

05 一路问来好辛苦

案例介绍

李女士和同小区的几户人家商量好带着孩子们去儿童天地游玩，他们总共20人一起参加某旅行社的一日游。早晨6点，一行人高高兴兴地出发，但接下来发生的事却让大家高兴不起来了。旅行社通知的集合时间为6点钟，可是，6点半汽车才赶来，因为司机和两个导游不识路。他们对去往儿童天地的路也不熟悉，司机只能跟着公交汽车慢慢走。许多孩子晕车，在车上吐得很厉害，客人们看着导游和司机一直找不到目的地，真是要急死了。

车上的导游员年龄很小，经过游客询问，导游自己说她们还是在校生，今年7月份才能毕业，到这个旅行社来实习的。李女士想，“旅行社怎么能派没有导游资质的人来为我们导游呢？还有，导游员在安排位子上没有按照原先的约定，使得她的孩子来回都没有座位，而她是付了座位费48元的。

经过核实，该团导游员是有导游资格证的，只是没有取得IC卡，她以前也带过几次团，只不过没有来过这个景点，对路线不熟悉。

案例分析

本案例中的导游员和司机均不了解所去景点的具体行车路线，按照导游人员带团的规范要求，导游应提前做好不熟悉景区景点的踩线工作，出现本案例中的过失，她们是应当承担一定责任的。

此外，导游虽然已经通过了全国导游人员资格考试，取得了导游资格证，但是依据《导游人员管理条例》的规定，未经过当地旅游局的岗前培训，未申领到导游IC卡，是不能带团的。因此，旅行社应该做好导游人员委派的把关工作，不能因为导游短缺等原因，委派无证、无经验导游上岗。

案例详解

本案例反映的问题非常具有代表性，除有导游员自身素质方面的原因外，旅游行政管理部门和旅行社也应在导游服务规范和标准化方面加大力度：

一要注重实操能力，避免“华而不实”。实际操作能力是导游员必备的业务技能，包括如何组团、接团、带团、处理带团过程中的突发事件等。

二要注重导游实习。新导游员在刚带团的时候，需要有人来指导和帮助，为其增加信心。旅行社要为新导游提供导游岗位的实习，带团、组团、接团等业务最好先由旅行社有经验的老导游指导帮助学员，并对接待流程和突发事件处理进行针对性指导。

三要加强导游服务能力的提升。导游要不断充实自己、掌握知识，不断弥补在导游语言、服务技能和知识方面的不足。

06 旺季来临前的“会议”

案例介绍

暑假来到了，旅游城市的旺季也到了，为了顺利完成七八月份的旅游接待工作，某旅行社地接导游中心召开了全体导游员会议，强调了暑期带团的具体要求：

第一，为了预防游客溺水的发生，在海滨参加游泳活动时，导游员应该要求游客在景区限定的区域内游泳，不得私自下水；参加漂流项目时，应该按照景区工作人员的要求操作。

第二，为防止晒伤及中暑，导游员要提醒游客随身携带防晒油、太阳伞，适当补充水分，注意控制游览节奏。

第三，提醒游客注意饮食安全，不随便在小摊贩上吃东西，不生饮江河湖水。

第四，夏季也是自然灾害频发的季节，提醒游客遇到雷雨、泥石流、洪水等恶劣天气时，应远离危险地区，切勿进入景区规定的禁区内，听从导游统一调动，不得私自脱离旅游团队。

夏季带团对于导游来说具有很大的挑战性。旅行社十分理解导游员工作的辛苦，为全体导游发放了风油精、导游专用毛巾等物品以及带团防暑降温费。

案例分析

导游员日常培训工作的开展是非常重要的。目前，我国许多重点旅游城市均开展了“旅游服务标准化”项目建设工作。本案例中，该旅行社能够严格按照旅游旺季工作中可能存在的问题，有针对性地开展旅游服务中注意事项的重点培训工作，内容丰富、实用性强。通过学习不仅使导游对带团的具体要求、事件预防和处理、服务标准等基本内容有了深入的了解，保障了服务质量，还十分人性化地进行员工福利的发放，从管理和软环境上提升企业形象，这对旅行社服务质量水平与竞争力的提升、打造旅游服务品牌，有着积极的作用。

案例详解

导游人员身处第一线，是旅游行业的窗口，其素质的高低直接关系旅游服务质量、旅游业的整体水平和国家的整体形象。长期以来，面对日益壮大的导游队伍，旅游行政管理部门和旅行社企业普遍存在下列问题：重考前培训、轻在岗提高培训，甚至有的企业根本就不重视在岗培训；现行的导游培训内容不切实际、方法单一、管理滞后，不能适应新形势下旅游业发展对导游培训工作提出的要求。因此，必须改革现行的导游培训方法，更新培训内容，提高培训质量，使导游培训工作更加规范化、制度化。

07 你信任导游吗

案例介绍

“原本带着好心情去旅游，却带着满肚子的气回来，你有过这样的情况吗？”“你信任导游吗？”面对这些问题，不少游客的第一反应是：“有过这种情况”“不太信任”。在他们的印象中，导游总是和吃回扣、没完没了地安排购物联系在一起。部分导游员的举动，已影响了整个导游行业的形象。

“确属导游领队不诚信引发游客不满的，实施一票否决制。”日前，中青旅在京发布旅游投诉指数及《中青旅反旅游欺诈攻略》，同时宣布建立旅游监督员制度及升级版的供应商评价体系，启动“2012诚信年”活动。

近期频发的“天价海鲜”“天价房费”等事件，使公众对旅游业诚信产生了严重怀疑，旅游业从业者和消费者的矛盾凸显。在此前提下，旅行社企业建立“导游诚信档案”将诚信记入导游的履历表中，从某种意义上，既约束了导游员的行为，也对行业服务质量提升起到了促进作用。

案例分析

据了解，目前在我国许多地方，导游员只有出团时才有带团补贴。地陪导游员的收入主要依靠旅行社支付的工资、出团补贴和旅游购物点支付的佣金。工资低了，一些导游员就把眼光瞄向旅游购物点所支付的高额佣金，频繁地将客人带入旅游商店。

当前，我国许多地方建立了“导游员诚信档案”，加强了对导游、领队人员的教育和管理，较好地保障了游客的切身利益。导游诚信档案的建立，将促使旅行社进一步完善旅游管理和服务规范，建立健全各项管理制度，形成有效的旅游质量监管机制。消费者也可以通过查询导游诚信信息来选择自己可以信赖的旅行社。旅行社可以通过其所建立的导游诚信档案来监督检查导游员的服务规范执行情况、业绩情况、游客满意度等，并对导游员进行诚信考核计分管理。

有了诚信档案，导游的一切不诚信行为都将被记录在案，这样既有助于提高导游员自身的整体素质，又有助于旅行社发现符合要求并能提供优质服务的导游。

案例详解

行业的发展取决于其从业人员的综合素质，诚信水平是衡量从业人员素质的重要指标。我国旅游业的持续健康发展，有赖于全行业人员的诚信建设，其中又以导游人员的诚信建设最为关键。诚信问题归根结底是道德问题，诚信在本质上反映了经营者的道德行为与道德品质。

诚信是道德建设的根本，也是一种非常宝贵的资源。失信于人，什么工作也开展不起来。旅行社一旦失信于旅游者，可能会给整个企业甚至整个行业带来灾难性的损失。导游员失信于旅游者可能会终止他的职业生涯。所以，在职业活动中诚信是基本的道德要求。在市场经济深入发展，国内旅游蓬勃兴起，旅游者日趋成熟的今天，要在全行业大力开展职业道德建设活动，使旅行社经营者和导游员提高自己的道德水准，依靠内心信念，约束职业行为，在为旅游者提供旅游服务时，真正做到“诚实守信”的职业要求。

08 同一片蓝天下

案例介绍

没有房卡

郑某一家3人参加旅游团到三亚旅游。满怀着无限的期待到达三亚，见到了当地的导游小杨。这个旅游团是全国各地的散客拼到一起的团型，大家互不认识。导游小杨在去兴隆的路上，要求客人交纳8个自理项目的费用（含玉带滩、槟榔园、日月湾、亚洲风情园、浪漫天涯、南山佛教文化苑、红艺人表演、夜游三亚湾），共计1000元/人，有17人在旅游车上自愿交纳。该团到达酒店后，在等候办理入住手续时，杨导以不交自理费用就不给房卡为由，继续要求另外的15名游客交纳自理项目费用，导致游客在该酒店大堂等候达2小时。第二天早晨，杨导在带客人到万宁兴隆亚洲风情园参观时，郑某等部分游客因未交纳自理费用，被安排在景区门口等候其他参观的游客。

事后，游客将其投诉到旅游局质量监督所。经调查，导游小杨在接待团队过程中，以不缴纳自理景点费用就不给房卡胁迫游客消费，其行为违反了《导游人员管理条例》第16条，依据第24条相关规定，旅游行政部门作出吊销其导游证的行政处罚。

他写信给省长

给省长写投诉信的是安徽淮南年近70的老人姚先生。他在信中说，今年

3月他通过当地一家旅行社报名参加海南双飞5日游，到达海口后和其他游客组成一个旅游团队，由海南某旅行社负责行程安排。没想到刚一出发，导游就明确地向大家提出要增加自费景点，每人多交600到900块钱不等。

姚先生说："我们这个旅游车一共是28个人，来自五六个省，十六个旅行社，各个地方旅行社的收费都不一样，上车以后导游就说我们交的钱都不够，你们除了机票没有剩多少，你们玩的景点都要收费。"姚先生因为出发前不清楚有自费项目，随身只带了几百元钱，于是他表示不参观自费景点，没想到立刻就被导游一番奚落："你这个老头，你出门不带钱，跑到这里来干什么，你就在这里待着，等我们回来看不到你，就开车走了，不管你了。"被导游用这样的语言来羞辱，他心里感觉很窝囊。在这次旅游途中，导游多次对团员发出语言威胁，还试图甩掉不愿意到自费景点参观的十多名游客，但因为遭到大家的一致反对才作罢。而且他安排的自费景点和购物场所很多而且时间很长，合同中约定的非自费景点却是匆匆了事。

姚先生还发现，在自己那份行程单上约定的旅游景点，竟被导游私自换成了另一个收费景点，参观者每人需交180元的门票。可这个景点不仅没名气，还正在建设中。

海南省旅游质量监督管理所就此事调查核实后，对当事旅行社及导游作出了处罚决定。导游擅自减少服务项目，增加行程外自理项目消费，事实清楚证据确凿，拟对该导游处以吊销导游证的行政处罚，对委托其接待旅游团队的旅行社，依据海南经济特区旅行社管理规定第34条之规定，拟处以罚款10万元。此外，海南省旅游委要求旅行社专门到安徽登门向姚先生道歉，旅行社也表示，愿意免费邀请姚先生在适当的时候再到海南度假旅游。

姚先生说："海南旅游市场特别乱，应该整顿一下，让导游的收入公开化、明朗化，他的收入明朗了，就不会把游客带到自费景点去了。

“阳光导游”

全国五一劳动奖章获得者、首届全国道德模范、全国劳动模范、全国三八红旗手标兵、全国旅游系统巾帼建功标兵、全国模范导游员——海南导游李静娜，在12年的导游生涯中，爱岗敬业、诚实守信、无私奉献，在海南旅游界有“阳光导游”之称。身患绝症后，她仍然坚持在导游工作的第一线。然而，疾病还是无情地夺走了李静娜的生命，10月25日，李静娜永远地离开了她热爱的导游事业。

“我跟许多年轻导游讲，人这一辈子找准一件自己喜欢的事情去做，也就是找准自己的定位，不容易。我一接触到导游这个工作就发现自己非常喜欢，从骨子里感觉很适合我，认定导游将是我终生热爱的事业。后来有机会从事导游工作，我很珍惜。”

“我热爱这份工作，所以我一直用心去做。这么多年，我从不计较一个团能挣多少钱。我想，客人来到海南，不管是坐飞机来的还是坐轮船来的，都已经花了很多钱，这说明客人信任海南，对海南的景色充满憧憬，所以导游就一定要为他们服好务。这些年来，所有的春节和中秋我都没有和自己的父母、家人一起度过。我的带团量在海南是出了名的，许多景点的工作人员如果3天没见到我，就会觉得奇怪，他们刚一想到这一点，我就会带着客人赶来了，这都成了规律。”

病危中，李静娜给公司写来一封信：“我在海南工作接近20年，带团是我的事业。我热爱海南，热爱海南旅游业，热爱导游这份工作。”

案例分析

作为海南旅游的形象大使，导游的形象和素质直接关系着国际旅游岛的形象。海南导游投诉量居高不下，问题主要体现在：带团不佩戴导游证；胡编乱导，在旅游行程中巧立名目、额外收费；擅自更改合同内容；逃避执法检查；强制消费，诱骗或胁迫游客购物；景点讲解不到位等。案例二中，省领导要求“自曝家丑”，显示了革除积弊的勇气，也体现了坚决清除海南旅游业害群之马的决心。

在案例三中，病逝的“阳光导游”李静娜，她坚持与游客真诚沟通、为游客提供优质服务，获得了良好的口碑。其实，海南不缺好导游，如果海南的所有导游同心协力提高服务质量，长久坚持下去，必将提升海南旅游排头兵——“导游队伍”的形象。

案例详解

导游是海南旅游业的窗口，导游服务的好坏，直接关系着海南的旅游形象，关乎海南国际旅游岛建设的成败。在海南省实施的《海南经济特区导游人员管理规定》（以下简称《规定》），从法制层面为海南导游管理提供了依据。

一、规范导游资格管理

近年来，海南省部分导游人员，出现诸如转让、出租、出借导游证，以及“胡编乱导”误导游客消费等违规行为，因法规缺乏相应规定，导致类似现象发生时，旅游行政管理部门管理和查处无据。

新通过的《规定》，规范了对导游资格证书和导游证的管理。明确公布了导游人员资格考试的时间，规定必须将导游资格考试时间提前3个月向社会公示，在考试成绩公布后30天内，向考试合格者颁发导游人员资格证书，进一步增强了导游资格考试的透明度。

申请领取导游证人员的基本条件中，明确规定要与旅行社签订劳动合同或者与导游服务公司签订合同。外省已经考取导游资格证书的人员，在海南从事导游活动，需进行转入考试。

为严厉打击“黑导”，杜绝无证或通过伪造、涂改、转让、租借导游证等方式进行导游活动的现象，新通过的《规定》提高了对违规导游的处罚力度。规定，导游人员涂改、转让、出租、出借导游证将处5万元以下的罚款，情节严重的，暂扣导游证3至6个月直至吊销导游证。

二、提高导游综合素质

新通过的《规定》明确，旅游行政管理部门应当制订导游人员培训计划，加强对导游人员的培训，并对旅行社和导游服务公司开展导游人员培训工作的情况进行监督检查。

旅行社和导游服务公司，应当每年组织其导游人员进行培训，时间不得少于56个小时，培训情况记入导游人员档案。旅行社和导游服务公司组织的培训，不得向其导游人员收费。

三、规范导游服务活动

《规定》明确指出，导游擅自改变旅游合同安排的行程，或者擅自增加、减少、变更旅游服务项目，欺骗、胁迫旅游者购物或者参加需要另行付费的游览项目的，将处1万元以上5万元以下的罚款。情节严重的，由省旅游行政管理部门吊销导游证。

同时，规定旅游行政主管部门应公示导游人员的诚信信息，使社会公众了解导游人员的违法情况、接受投诉情况等，保障社会公众知情权，推动导游行业的优胜劣汰。

09 水上快艇

案例介绍

暑假到来，某旅行社接待外地旅游团到海滨景区观光。在自由活动期间，部分游客提议乘坐快艇出海游览。导游以不安全为由劝阻无效后，要求游客写下了“如出事故，后果自负”的书面证明。游客领队与快艇旅游公司达成协议，部分游客分乘几艘快艇出海游览。

下午，乘坐8人的一艘快艇发生沉船事故。快艇公司接到呼叫后立即施救，将游客送到附近医院。一名游客经抢救无效死亡，其他7人无碍。事故发生后，海事部门立即进行了事故善后和调查处理工作，旅游部门也启动了应急预案，协助善后处理。

经调查，事故原因是快艇的动力桨被海上养殖阀绳缠住，发动机突然减速、熄火，由于惯性作用，船体后部下沉，海水涌进船舱，使整个船体沉没。快艇经营者和驾驶员由于疏忽大意，驶离航道，承担主要责任。旅行社没有直接责任。经协商，快艇公司对死亡游客家属和其他7名游客给予一次性经济赔偿，事故得以妥善处理。海事部门给予快艇公司吊销经营资质的处罚。

案例分析

水上快艇旅游属高风险旅游项目，无论是从维护游客安全利益的角度，还是从避免企业经营风险出发，旅行社都不宜组织游客集体参与此类旅游项目。对自由活动期间游客自愿参与的，旅行社和导游员要尽到安全提示职责，把风险和有关注意事项讲清楚，必要时可要求游客签署书面协议。经营此类业务的旅行社，要在旅行社责任保险基础上投保高风险旅游项目的附加责任保险，督促游客投保旅游意外险，尽到安全提示职责。同时，要制订详细的应急救援预案，确保一旦发生事故能够及时妥善处理。

导游员应对游客进行劝说，说明对于水上快艇旅游这类安全风险较高的项目，游客一定要全面了解后再决定是否参与。

案例详解

我国沿海和内陆水域旅游资源丰富，水上游乐项目众多。同时，水上旅游安全事故时有发生，其中水上船舶旅游交通事故是主要类型，快艇的隐患最大。

水上快艇旅游的安全隐患主要表现在以下几个方面：

一是快艇技术状况和安全性能差。一些快艇船体及设备不能满足检验规范要求，没有配备必要的航行救生设备。在日常营运中缺少必要的维修保养，尤其在旅游旺季，快艇经营者为赚取最大利润，经常超负荷运营。

二是船员综合素质较低。很多驾驶员和船员没有定期培训，有的甚至无资质，安全意识差，无水上运营经历，不了解基本的水上交通、消防、救生知识。

三是遵章守法观念淡薄。驾驶员不遵守水上交通法规，不了解避碰规则，不执行定线规定，通航秩序差，为抢客拉客或取悦游客，超速行驶，随便停靠，任意穿行，甚至相互飚船，强行追越，不仅影响自身安全，也给其他正常航行的船舶安全造成了威胁。上述案例就是因为驾驶员驶离航道，碰到海上养殖阀绳导致的安全事故。

四是安全预防和救护措施匮乏。个体快艇旅游经营者大多没有安全运营制度规范，对国家相关法规要求知之甚少，也不为游客购买相关保险。

五是监管工作针对性不强。由于水上快艇旅游经营分散，规模比较小，尚无水上快艇旅游管理的具体政策法规，同时又存在多头管理的问题，致使相关部门的管理针对性不强，给安全监管带来一定难度。

10 从导游大嗓门看公共精神的缺失

案例介绍

凡有过跟团旅游经验的人都会有这样一个印象：导游的标志除了一面醒目的小旗子之外，还有他们手中那个高分贝的大喇叭。在国内的各个热门景点，越是游人众多的地方，越是导游们比赛音高的场所。当然，这种现象有其存在的合理性，至少游客可以清楚地听到导游对景点的讲解。尤其散客更占便宜，不必靠得太近，就可以免费“蹭到”各种逸事和传说，既保住了面子，又得到了实惠。

可是，导游们此起彼伏的大嗓门，使原本应该是清幽静美的自然景观、庄严静穆的文物古迹，失却了原有的光彩。也许，有人认为，这也算问题吗?不过，一定不要小看这些细节，正是这些细小的情节，不但影响了游人的心情，也决定了一个导游的水平，一个旅行社的服务质量，甚至一个国家旅游业的整体素质，同时也说明了我们公共精神的缺失。一百多年前，美国人亚瑟·史密斯就写了一本《中国人德行》，说“中国人缺乏公共精神”。近代以来，严复、梁启超、鲁迅、林语堂等人也反复指出，中国人没有真正的公共精神和公共意识。一百多年过去了，尽管我们已经意识到并且有意培养，可现在仍然会被自己和别人指责缺少公共精神，这很值得我们反思。

精神是需要慢慢培养的，但导游大嗓门，问题不是不能解决，而且方法很简单。作为借鉴，我们可以看看国外的经验。参观过巴黎卢浮宫的人肯定对那里的导游的讲解方式拍手称快：导游手里一个小小的耳脉，游客每人一副耳机，导游轻声细语，游客已经大饱耳福，最妙的是互相之间绝对不构成干扰，所以尽管偌大的卢浮宫人潮涌动，却仍然能保持静穆庄严的气氛，每个人都小心翼翼，心中充满对艺术的敬佩和感恩的气息。这是多么的可贵。

耳脉和耳机的科技含量并不很高，很容易操作，也并不值多少钱，我们的各景点或旅行社完全有能力购置这样一些小设备。解决问题的方式如此简单，关键是有没有这样的意识。

案例分析

近些年来，我国旅游业发展非常迅速，黄金周和节假日到来时，经常可以看见一些旅游景区人山人海，远远望去只见人头攒动，根本看不见美丽的景致。一些随着旅游团前来参观的游客在旅游活动结束后，非常感叹地说："旅游就是'上车睡觉，下车通道，景点拍照，回来啥也不知道'。"

身为导游，听到这样的评价，实感无奈。从目前的现状来看，显然是旅游市场的各方都没有注意到这个问题。在这个问题上，景区、旅行社、导游和游客人人都有责任，景区和旅行社应该加强管理，采取一些切实可行的办法，比如学习国外的一些成功经验；而导游和游客则应该自觉地约束自己的行为和声音，保证旅游胜地的安静和圣洁，同时也培养了公共精神和公共意识。

游客本是来欣赏美丽的自然山水和人文景观的，这种审美的过程需要一种平静的心态和气氛，才能真正领略到山水的妙处和文化的真谛。古诗里说，"不敢高声语，恐惊天上人。"希望导游先生和导游小姐，"不要高声语，莫惊身边人。"

案例详解

导游服务中，语音最富有表现力，掌握好语音的运用技巧，导游员的讲解就会对游客产生较强的感染力。

音量是说话时声音的强弱程度。导游员在导游讲解和同游客对话时，要善于应时应地控制自己声音的强弱。一般来说，导游员在控制声音时应注意三个原则：

第一，根据游客人数的多少和讲解地点的环境状况来控制音量。游客人数多时，导游员可适当提高音量，反之则适当降低音量，音量大小以每位游客都能听清为宜。

第二，根据导游讲解和言谈对话的内容来调节音量。对于一些重要的内容或信息、关键性的词语等可以加大音量进行强调，以加深游客对这些信息的印象和理解。有时，为了强调，除了加重音量外，还要拖长音节或一字一顿地慢慢说出。

第三，对于一些博物馆及环境较为安静的展馆类景区，建议导游员可以借用景区提供的扩音设备，既能达到较为理想的声音传递效果，同时又不至于影响其他游客。

11 饮酒过量的女导游

案例介绍

一位女导游个性豪爽又与团里客人相处不错，到临别前的一晚，几个客人请其到某酒家吃饭，导游自恃酒量好，又不想让客人感觉自己清高，席间客人敬酒时总是来者不拒，结果喝得酩酊大醉，由几个游客扶着出了酒家的门，在门口游客让她一人先等一会儿，其他人负责走远一点去叫出租车。可是，由于喝酒过量，该导游已无法站稳，此时，由于喝酒过度，呕吐到了身旁一辆新的私家车上，恰好此时车主人从酒家走出来看到这一幕，不由分说就找了个水桶朝车身上泼去，导游顿时惊醒过来，马上闪身，连向车主道歉，但即使如此，迷信的车主还是觉得不够，再打了几次水往该导游吐过的地方不断冲刷，场面非常尴尬。

案例分析

近些年，一些旅游团的游客和导游人员之间的关系随着旅游大环境的逐渐改变而日渐好转。许多游客经常请导游吃饭、喝酒。类似本案例的事件时有发生。许多游客认为，当导游的人属于在社交方面比较擅长的人，酒量一定了得。所以，当导游应邀前往时，经常是不醉不归。

我国对于导游人员在个人行为规范方面，如注意小节上有明确的规定：导游人员饮酒量不要超过自己平时酒量的1/3。该案例中的女导游由于在饮酒方面没有对自己加以节制，结果造成非常恶劣的影响。作为一名导游员，时刻不能忘记自己的身份，在各方面都应对自己严格要求，要自尊、自重。本案例实在是一个深刻的教训，值得让每个已成为导游的和即将成为导游的人深思。

案例详解

导游员是旅游行业文明服务的“窗口”，在旅游活动过程中，其言行举止都十分关键，导游员要时刻注意自身的职业形象。因为游客是导游人员的服务对象，不是一般意义上的朋友，所以导游与之不可太随便，虽然为游客服务要有幽默感，但决不流于低级趣味；导游人员的仪表应清新、高雅、保持端庄优美的风度，精神饱满、乐观自信、热情友好，努力使旅游者感到你是一位可信赖的导游员。

由于导游服务周到、热情友好、办事能力强，许多游客在行程结束前希望能与导游共饮一杯酒，以表达谢意，但是在这种情况下，导游要知道如何控制局面，如何保护自己，以避免醉酒现象的出现。

12 阿姨总说“不知道”

案例介绍

小王原是一家企业的文员，听说导游这一行业经济收益会好一些，在去年考取了导游资格，在美景旅行社做了一名地接导游。一天，她带领游客去游览岳王庙。这个旅游团是“教师团”，其中还有一些老师的孩子。小王在接待前，经理就提醒她，这样的游客比较难接待，一定要注意。小王对自己非常有信心，导游词我可是倒背如流，“教师团”也没有什么可怕的。游客们来到岳王庙的正殿，小王介绍道：“这天花板上绘的是松鹤图，共有372只仙鹤，在苍松翠柏之间飞翔，寓意岳飞精忠报国的精神万古长青。”一位老师听了后，就问小王：“为什么是372只仙鹤，而不是371只或是373只？这有什么讲究吗？”小王倒是很爽快，回答说：“这个我不清楚，应该没什么讲究吧！”

来到了碑廊区，小王指着墙上“尽忠报国”四个字，说这是明代书法家洪珠所写。团中一位青年人不解地问小王：“为什么前面正殿上写的是‘精忠报国’，而这儿却写成‘尽忠报国’呢？”小王考虑了一会儿，支支吾吾地说：“这两个字没有什么区别，总之都是赞扬岳飞的。”为了避免游客问个不停，小王马上集合游客到下一个景点——岳飞墓。

到了墓区，小王指着墓道旁的石翁说：“这三对石人代表了岳飞生前的仪卫。”一个小朋友不明白，没有听懂，问道：“阿姨，什么是‘仪卫’啊！”小王犯难了，就解释道：“仪卫，就是守岳飞墓的人。”小朋友又问：“为什么要给岳飞守墓呢？”小王说：“这个，我不知道。”之后，小朋友对妈妈说：“这个阿姨怎么总说‘不知道’啊！真没意思！”

案例分析

导游工作是一项与人打交道的工作，中国人、外国人，老年人、年轻人，男人、女人，各种各样的人，会提出各种各样的问题。有人说：“导游，导游，上知天文，下知地理，无所不晓。”又有人说：“在导游员的‘词典’里，是找不到‘不’这个词的。”在本案例中，小朋友听到导游阿姨在讲解中说到最多的话就是“不知道”。对于导游来讲，是一件非常惭愧的事情。

在目前导游行业里，许多人把导游工作看作谋生的手段，但是却缺乏一种长远打算，即如何让自己成为一位知识型的导游。在一项调查中，游客对知识型的导游认可率达到了83%，这也说明，导游员要想在这一行业中立足和长期发展，必须要不断充实、丰富自己，随时更新、扩展知识，适应不断发展的时代的需要。加拿大旅游专家帕特里克·克伦曾告诫导游人员：“你的知识永远不会饱和，不可能万事精通。”因此，他要求导游人员“不断地更新知识，多读书，多了解世界的发展状况”。

案例详解

在旅游者眼中，导游员应该是无事不知的“万事通”，导游服务应该是知识密集型的、高智能的服务工作。丰富的知识是做好导游工作的前提。导游员需具备的知识主要有：语言知识（包括汉语言文学知识和外语知识）；史地文化知识（包括历史、地理、民族、风俗民情、风物特产、文学艺术、建筑园林等）；政策法规知识、心理学知识、美学知识、社会知识、国际知识以及旅行常识等。

导游不仅要熟悉景点的各种细节和幕后的故事，激发游客们观赏的兴趣，让游客在观赏到景色的同时了解当地的文化背景，还要安排好游客的出行、住宿、饮食，事事替游客做好安排，让他们在旅游时没有后顾之忧。这样才能让游客不留遗憾。所以一个好的导游，一定要具备良好的沟通能力和足够的文化知识储备。

随着游客需求的不断提高，旅行社行业也需要大批量的专家型导游，但能够成为专家型导游至少需要具备以下条件：高学历、专业知识过硬、了解景点的深层次文化内涵、责任心强、应变能力强、能够准确洞悉游客心理等。从一名普通导游成长为专家型导游是一个循序渐进的过程，需要几年甚至十几年的时间，因此，导游要不断地更新知识、提升自己，让自己更快地成长为一名知识型导游、专家型导游。

13 爱心感动游客

案例介绍

大年初三，李小梅和往年一样，不能和家人在一起过年了，因为旅游团从大年初三就陆续到达了。旅行社在一个月前就把导游员的行程安排妥当了，拿着手里十几个接团计划，小李在心里祈祷着，希望在新的一年里，自己的导游生活能有一个好的开始。

初三一早，从长春龙嘉国际机场降落的 A7134 次航班准时降落，机场的工作人员在新年里为每位乘机者都准备了小礼物，使此行的台湾游客刚下飞机就感受到了东北人的热情。李小梅在找到团队后，把大家引领到了旅游车上，她的新年祝愿和对远道而来的贵宾的欢迎，让客人们感觉到车厢里春意融融。车里的一位十几岁的小朋友急切地问："导游阿姨，我们什么时候去'滑雪'啊！"看着小朋友着急的样子，李小梅将旅游行程安排告诉了大家，其中的雪上活动安排在次日。

第二天，大家经过近 45 分钟的车程，到达了雪场。这对于来自台湾的游客而言，感觉非常美妙，因为有些游客还是头一次见到雪，所以一些大人也和小孩子一样的兴奋。许多台湾游客并不知道东北的实际天气情况，虽然知道很冷，但准备还是不太充分，一些游客的鞋子都是单层旅游鞋，而且脚底非常滑，极容易摔倒。导游多次强调和提醒游客在进场地换滑雪鞋和滑雪板时一定要注意脚下的安全。但是，意外还是发生了，一位 50 岁左右的中年阿姨，不小心手扶地滑倒了。当她起身时，腕关节肿得很高。小李迅速从车上拿来塑料袋，从雪堆里扒出一些冰块给阿姨冰敷，希望可以缓解疼痛。但是，老人的手腕几乎不能动弹，游客们都分析可能是骨折了。为了能给老人及时治疗，小李以最快的速度将其他游客的活动安排好，约定两个半小时后在旅游车上集合，接下来，同阿姨的丈夫商量，看是不是到医院看一下，在家人同意的前提下，旅游车司机和导游及阿姨夫妇一同驶出了雪场，到市区里寻找医院。可是大年初三这天，许多医院都找不到医生，即使有人值班也不在岗，附近的 3 家医院都是同样的情况。

老夫妇二人说："导游，我看先这样吧！时间马上就到了，晚上回去再说吧!”“这可不行，阿姨，您岁数大了，如果是真的骨折了尽快接上对骨头的生长好，何况，我们现在还无法判定是否骨折，所以，不能耽误。”在李小梅的一再坚持下，在第四家医院终于找到了骨科医生。说来也非常幸运，这位医生还是个骨科专家，他安排阿姨拍片，导游小李接过单子帮助阿姨楼上楼下的交费、拍片、取片，一身大汗的她焦急地等待着医生的诊断。老医生告诉大家，阿姨的手臂的确是骨折了。这时，导游、司机和夫妻二人都有些担心，下面的行程还有两天，阿姨能够带伤继续吗?医生在进行处置后，给大家吃了颗定心丸，医生说:“由于断处比较整齐，考虑你还有旅游要继续，采取保守的治疗方法。”大家谢过了医生就马上返回滑雪场。在旅游车上，阿姨非常感动地说:“导游小姐，你做事果断又热心，刚才楼上楼下让你满身大汗，真不好意思。这两个红包就算是新年的礼物!你和司机每人一个，谢谢两位啦!”李小梅没有想到，自己只是做了分内的事，却收到了一份意外的惊喜。老先生这时突然又想起一件事，刚才的医药费都是小李给垫付的。这时阿姨就更加感动了，夸小李是位有爱心的导游。

案例分析

在全国优秀导游人员事迹报告会上，不经意间，我们发现但凡优秀的成功导游身上，都有一个共同点，那就是“有爱心”，他们用真心去为游客服务，充分展示出自己的人格魅力。在本案例中，导游小李用自己真诚的爱心打动了远道而来的台湾游客。导游员在带团过程中，在老人游客上下车不方便的时候适时地搀扶一下，发现哪个游客行李带得太多时，适当地帮他们拿一下，发现哪位客人身体不舒服时，及时地询问一下，这些看起来微不足道的小事情，只要用真心去做，相信没有哪位游客不会感动。因此，导游人员一定要仔细地观察，耐心、热心地服务，用自己最诚挚的心为游客提供优质服务。

案例详解

导游员首先应具备良好的职业道德，在对客服务中捧出一颗“爱心和诚心”为游客提供满意的服务。本案例中，导游员对意外受伤的游客提供的周到服务得到了客人的认同，为了更好地了解应急事故如何处理，现针对如何预防骨折及骨折后如何处理进行整理，希望能够提供参考：

一、参观游览中

（1）行人要走人行道，不要在机动车道上行走，防止被车碰到。

（2）走路速度不要太快，最好穿防滑鞋或旅游鞋。

（3）如果突然摔倒，尽量别用手腕去支撑地面，因为这种摔倒姿势最容易造成手臂骨折。

（4）万一发生骨折，切不可乱揉乱动，应用围巾、书本等工具固定好骨折部位，请求他人帮助，并到附近医院治疗。

二、在景区内骑车

（1）骑自行车、电动车游玩时，一定要在事先检查车闸是否失灵。

（2）上路后要低速行驶。

（3）不要在易结冰打滑的地砖上骑车。

（4）切勿与机动车抢道，防止被发生侧滑的机动车碰伤。

（5）在有较厚积雪或者有薄冰的路面，最好下车步行。

三、摔伤自救

摔倒后不要急于起身，应先感觉自己疼痛的部位是大腿、腰部还是手腕。一般腿和手腕骨折较轻，人们还能勉强活动；如果腰疼，千万不要随意乱动，因为腰椎骨折后如果随意活动，很可能造成关节脱位，严重时可导致瘫痪。此时应该尽快呼救，救人者也不宜随意背抱伤者，而是要用硬板将伤者抬到医院，或拨打120，等待专业医护人员救助。

14 地陪导游迟到后

案例介绍

小贺是从师范大学德语系专业的高才生，因为对旅游行业喜爱，毕业后就到了一家国际旅行社从事导游工作。一天，他接到旅行社通知，明天一早带来此开会的德国专家参观。早上7点半，小贺就骑上自行车去游客下榻的饭店，因为旅游团8点在饭店大厅集合。小贺想："从家里到饭店骑车20分钟就到了，应该不会迟到。"然而，当经过铁路道口时，开来一列火车，把他挡住了。待列车开过去时，整个道口已挤得密密麻麻，因为大家都急着赶时间去上班，自行车、汽车全然没有了秩序。越是没有秩序，越是混乱，待交通警察赶来把道口疏通，已经过了8点。10分钟后，小贺才到饭店。这时，离原定的游客出发时间已晚了十多分钟，只见等候在大厅里的那些德国游客个个面露不悦，领队更是怒气冲冲，走到小贺面前伸出左手，意思是说："现在几点了？"

小贺带团经验还算丰富，但那天这事儿全怪自己，只好倾听领队的训斥，不敢出声。事后，旅行社扣发了小贺当月的绩效奖金。

案例分析

导游在带团过程中，时间观念不强，造成迟到，应该属于责任事故。本团中，虽然不是导游人员主观造成的迟到，但是，导游人员还是应该设身处地为旅游者着想，尽快消除旅游者的不满情绪，做好工作，挽回影响。

由于导游人员自身原因造成迟到时，导游人员应实事求是地向旅游者说明情况，诚恳地赔礼道歉，用自己的实际行动，如提供更加热情周到的服务来取得旅游者的谅解。另外，还可以采取弥补措施，高质量地完成计划内的全部活动内容。

案例详解

地陪导游人员的主要任务是安排好游客在当地的饮食起居及导游讲解服务工作。对于行程的安排应该有一个条理清晰的时间表，同时，必须牢记接团规范之一，即提前到达约定好的地点，以避免本案例中由于交通拥堵而导致的迟到。

作为导游员，熟悉各个国家或地区的风俗习惯是很有必要的。知道了各个国家、地区的风俗习惯以及居民的性格特点后，导游员就能有针对性地提供服务。如德国游客，他们的时间观念也许是世界上最强的，讲好 8 点出发，绝对会一个不漏、一秒不迟地准时在大厅集合。这时，如果导游员自己迟到了，你在他们心目中的形象就会大打折扣，即使你前面的工作非常出色，也将事倍功半。

本案例中，小贺如果能重视德国人的这种惜时如金的性格特点，他就会把赶往饭店的时间更提早些，这样，也就不会出现本案例中的情况。当然，作为导游员，不仅是带德国游客，带任何一个旅游团，都要守时，绝不能迟到，这是导游从业人员起码的素养。如果因为不可预见的因素而迟到了，应诚恳地向游客表示道歉，如实地说明前因后果，以求得游客的谅解；并且在工作上要一如既往，不能因为迟到，游客有意见就降低自己的服务标准，而是要更加努力，将功补过。

15 带领旅游团用好第一餐

案例介绍

“各位接站的朋友请注意了，由上海飞往沈阳的CJ6304航班将于北京时间18点50分准时到达机场，请接机的朋友做好迎接准备。”从机场广播室里传出的声音告诉吴皓，上海一行18位游客即将到达机场了。吴皓打开了随身包，将导游旗的旗杆拔了出来，平整了一下导游旗，做好了接团前的准备。15分钟后，游客们在吴皓的带领下上了旅游车，飞机上几个小时的飞行，使许多游客显得比较疲倦。吴皓看了一下手表，已经7点多了，他问道：“大家在飞机上是不是已经用过晚餐了？”大家说：“吃是吃了，可是飞机餐一点也不好吃，我们想来沈阳吃顿正餐，导游有没有安排啊！”吴皓在接团前仔细看过接团计划单，在行程中，旅行社特地为刚下飞机的客人安排了晚餐，于是，吴皓说：“大家请放心，我们旅行社早已考虑到大家可能会在飞机上吃不好晚餐，所以，我们现在就到沈阳最有特色的‘老边饺子’去吃晚餐，东北人有一句话，叫‘站着不如倒着，好吃不如饺子。’沈阳的‘老边饺子’在全国可是很有名气的，中央电视台的满汉全席比赛——饺子宴，‘老边饺子’拿回好几个金奖呢，一会儿，准保让大家吃得满意，大家看怎么样？”

吴皓一席话，将全团游客的热情一下子调动起来了，许多人还在车上讲着自己在家包饺子的心得。当车子停到饭店门口后，吴皓第一个从车里下来，一路小跑进了餐厅。原来，他想马上去趟洗手间。客人进到大厅里面，看不见吴皓，也不知道该往哪里走，正在焦急等待时，吴皓非常抱歉地跑了回来，将客人引领到提前预订好的餐位上。从上海一同到沈阳的全陪张小姐和司机师傅一直跟着团队客人，不知道自己该坐在哪里为好，吴皓在忙着给客人倒水，两个人没好意思上前打扰。此时，服务员过来询问，两个人是否需要帮助，二人讲名身份后，服务员将两位引领到陪同桌坐下。由于过了用餐高峰，餐厅里的客人不是很多，后厨上菜也很快，也许是这里的饺子确实独树一帜，上海游客品尝后连连称赞。

案例分析

在本案例中，导游吴皓的热情使上海游客一见到他就留下了较好印象，但是在接下来的服务中，吴皓有些小的失误，如，没有及时引领游客进入餐厅用餐区；忽略了司机和全陪，照顾不周等。一般来讲，如果游客将要到达某一地区参观之前，地陪要提前落实本团当天的用餐，对午、晚餐的用餐地点、时间、人数、标准、特殊要求逐一核实并确认。并应做到：

（1）用餐时，地陪应引导旅游者进餐厅入座，介绍餐厅的有关设施、饭菜特色、酒水类别等。

（2）向领队告知地陪、全陪的用餐地点及用餐后的出发时间。

（3）用餐过程中，地陪要巡视旅游团用餐情况一两次，解答旅游者在用餐中提出的问题，监督、检查餐厅是否按标准提供服务并解决出现的问题。

(4) 用餐后，地陪应严格按实际用餐人数、标准、饮用酒水数量如实填写餐饮费用结算单，与供餐单位结账。

案例详解

旅游活动中，“食”为游客最为关心的内容之一。游客到各地参观游览，都想领略和品尝当地的特色饮食。在导游的讲解中，如果能对各地的饮食文化进行介绍，并在团队用餐中给予安排，一定会让游客既饱口福，又饱耳福和眼福。

在导游对饮食文化进行介绍和讲解中，要注意以下五点：

第一，风味多样。由于我国幅员辽阔，地大物博，各地气候、物产、风俗习惯都存在着差异，长期以来，在饮食上也就形成了许多风味。如口味上有“南甜北咸东酸西辣”之分。

第二，四季有别。一年四季，按季节而吃，是中国烹饪的又一特征。自古以来，我国一直按季节变化来调味、配菜，冬天味醇浓厚，夏天清淡凉爽；冬天多炖焖煨，夏天多凉拌冷冻。

第三，讲究美感。中国的烹饪，不仅技术精湛，而且有讲究菜肴美感的传统，注重食物的色、香、味、形、器的协调一致。对菜肴美感的表现是多方面的，无论是红萝卜，还是白菜心，都可以雕出各种造型，独树一帜，达到色、香、味、形、器的和谐统一，给人以精神和物质高度统一的特殊享受。

第四，注重情趣。我国烹饪很早就注重品味情趣，不仅对饭菜点心的色、香、味有严格的要求，而且对它们的命名、品味的方式、进餐时的节奏、娱乐的穿插等都有一定的要求。中国菜肴的名称可以说出神入化、雅俗共赏。导游员在介绍当地美食的同时，如能介绍一些历史典故、神话传说、名人食趣等，更会让游客印象深刻。

第五，医食结合。我国的烹饪技术，与医疗保健有密切的联系，在几千年前有“医食同源”和“药膳同功”的说法，利用食物原料的药用价值，做成各种美味佳肴，达到对某些疾病防治的目的，是中华美食的一大特色。一些地方推出的药膳美食对游客也是十分有吸引力的。

16 交换佛像

案例介绍

小李接到的这个台湾旅游团有些特别，据计调讲，这个旅游团是一个宗教旅游团，在本市的行程里没有景点，除了正常的餐食和住宿外，最重要的是到佛教寺院里“交换佛像”。

一听到“交换佛像”，小李感觉这个团有些特别。当旅游团从机场里走出的时候，台湾游客的礼貌和谦虚让小李的心里有了底，看来佛教团体和普通的台湾团队也没有太大的差别。旅游车上的讲解和服务获得了客人的好评，按照旅行社的安排，小李将游客带到了提前约定好的寺院里，寺院里的住持和僧众出门迎接。台湾的一位客人从车子上将提前准备好的一尊佛像恭敬地请下车，放置到寺院的大雄宝殿上，一切进行得非常顺利，临行前，旅游团里的大师将5000元香火钱留下来。从寺院出来后，小李的感觉就是，这些游客对佛教的执着和虔诚。

案例分析

宗教信仰旅游团与宗教团体仍然有所不同，这种类型的游客在行程中在饮食上没有特殊的要求，如佛教信众在初一、十五这样特殊的日子里，部分客人会提前通知导游人员准备素食。在接待这些游客时，导游人员要与领队、全陪和团内的关键人物一起认真研究商量组织活动的注意事项，了解每个工作上的细节。如有交流活动，导游员要做好协调和配合工作。但游客如有特殊要求，就需要导游人员与宗教活动场所具体联系、落实。此时，导游人员就充当了整个旅游活动的调度员，活动能否顺利进行，在很大程度上要取决于导游人员的工作能力和工作效率。

案例详解

随着我国游客出游方式的不断变化，一些具有宗教信仰的团体出游也成了旅行社接待的重点，在接待中，目前我国旅游市场还存着一些问题亟待解决：

（1）宗教场所的管理比较混乱。类似“功德箱”敛财、“高香收费”等情况不但致使部分游客上当受骗，旅游行业的信誉也受到了影响。

（2）宗教旅游中的导游综合素质不够高，许多导游并没有受到多少专门培训，在导游讲解中，很多时候只是在简单地介绍各种文物、遗迹的历史传说，没有能够进一步阐述传统宗教的内涵，并引导游客进行哲理性的思考，无法向游客传播传统宗教博大精深的智慧。有的导游甚至直接将游客领进旅游商店，竭力劝说游客采购，给游客留下了不良影响。

（3）游客还没有养成良好的旅游习惯，多是热衷于在所到景点照相留念，并不主动去深入思考其中的文化内涵。这就更加需要有对宗教有一定了解的专业导游员，对游客进行引导启发。

导游人员在接待宗教团体时也要特别注意以下事项：

(1) 提高政策意识，加强请示汇报。要向游客讲清我国的宗教政策是自治、自养、自传。

(2) 认真落实有关活动日程。导游员要认真按照合同和行程安排落实每项活动，并积极与团队负责人取得沟通。

(3) 要尊重宗教习惯。尊重宗教习惯体现在饮食、交往、讲解等方面。

17 导游您贵姓

案例介绍

早就听说凤凰县城是一座四面青山环抱，风景秀丽，充满着浓郁的湘西文化的山城，小曾借公司休假的机会，邀好友在一个阳光明媚的日子来到了这里。为了能更好地进行游览，小曾和朋友到了凤凰后找到一家旅行社报了名，约定上午10点由导游进行讲解。时间一到，小曾发现大概有20位游客都在大厅里集合，等待着导游的到来。

“各位团友，请到这边集合。”清脆的声音传来后，大家意识到导游来了。上了旅游公司准备的汽车后，导游用当地的湘西方言向各位游客问好，并且让大家猜猜是什么意思？一会儿的工夫，车厢里互不相识的人们在导游的带动下熟识了起来，导游也将美丽的凤凰用不是非常标准的普通话向大家作了介绍。

一天的行程结束后，小曾和其他游客对导游的服务非常满意，临走时还和她一起拍照，这时，小曾突然意识到，不清楚导游叫什么，问道：“导游您贵姓？”这句话倒是提醒了导游，她非常不好意思地说，上午忘记介绍自己了，没说欢迎词，还请大家见谅。导游留下了地址，也将凤凰的美丽留在了旅游团游客的心中，不过可以肯定的是，当人们在回忆美丽的凤凰时，只会想到导游的样子和声音，而她到底是谁也许只有小曾知道。

案例分析

在旅游活动开始后，导游人员为每位游客提供的导游讲解服务也就算正式开始了。素不相识的人们在第一次见面时，导游人员精彩的开场白往往会给大家留下难以抹去的记忆。在本案例中，导游用自己的方式使车上的游客迅速地融合在一起，营造了和谐的气氛，拉近了大家的距离。尽管导游的服务是在一片称赞声中结束的，但是非常遗憾的是，她没有向游客致欢迎词，这一点，不符合导游人员带团的基本程序。

实际上，对于旅游团而言，欢迎词应尽量做到因团而宜，有所差别，导游人员也要形成自己特有的风格，给各地的游客一种耳目一新的感觉。刚刚加入导游服务行列的导游员，应该将严格遵守旅游接待程序作为一条工作准则，只有好的习惯养成后，才会更有利于今后的工作。

案例详解

致欢迎词是旅游行程的开始，它好比整个旅游活动的“序幕”。中外游人都讲究“第一印象”，而致欢迎词是给客人留下“第一印象”的极佳机会，导游员应当努力展示自己，使“良好的开端”成为“成功的一半”。

任何艺术、技巧，都有一定的“规范”和“要素”，规范化的欢迎词应包括五大要素。

（1）表示欢迎，即代表地接旅行社和组团旅行社向客人表达欢迎之意。

（2）介绍人员，即介绍自己，介绍参加接待的领导、司机和所有人员。

（3）预告节目，即介绍一下城市的概况和在当地将游览的节目。

（4）表示态度，即愿意为大家热情服务、努力工作，确保大家满意。

（5）预祝成功，即希望得到游客支持与合作，努力使游览获得成功。

欢迎词切忌内容缺失，如本案例中导游忘记介绍自己。另外，欢迎词死板、沉闷也是大忌，如能风趣、自然，会缩短与游客的距离，使大家很快成为朋友，熟悉起来。此外，注意汲取一些谚语、名言，使欢迎词充满文采，会收到很好效果。

18 机灵的地陪

案例介绍

某旅游团乘自备车到开封观光，由于高速公路上正在进行道路维修，致使所有的车辆在单侧车道上行驶，原本三个半小时的车程推至了五个小时，游客的午餐时间，也由中午十二点推迟到了两点钟。此时，在旅游车上全陪用手机不断地和地陪导游进行联络。按正常的行程安排，旅游团下午还有两个景点要走，但旅游车到达开封时已近下午两点，午饭后就到三点，两个景点的参观，不知道能否来得及。地陪导游这时更是心急，如果行程走不完，不但客人会不满意，也无法向旅行社交代。午餐地点离高速出口虽然很近，可离景点非常远，考虑过后，导游翻开自己的随身笔记本，迅速地查找到了午餐和晚餐用餐酒店的电话，希望酒店能够考虑到这个旅游团的特殊情况，同意将午餐改为晚餐，晚餐改为午餐。在酒店方的支持下，导游顺利地变更了用餐地点，为下午的行程能在有限时间内完成打下了良好的基础。

午餐后，正如预想中一样，三点钟才从酒店出发，地陪导游在旅游车上将真实情况讲给各位游客，强调了第一个景点的集合时间为四点，为了使大家感觉不虚此行，导游尽量将第一个景点里因时间关系不能看到的内容，在旅游车里给游客进行了铺垫式的讲解，游客非常满意。下午四点钟大家如约登上了旅游车，开往下一个景点。这里的冬天，天黑得特别早，几乎所有的单位都是四点半下班，旅游景区也不例外。不过景区也有特殊性，只要能在四点半前买票进门，游客就可以正常参观，并且不受时间影响。此时重要的任务落在了司机的身上，游客全都变成了啦啦队，每每遇到绿灯时，大家都一起欢呼，在地接导游正确的引导和司机熟练的驾驶配合下，在四点二十五分，游客们进入了景点，真是一次令人难忘的旅程啊！

案例分析

在这次被称为令人难忘的旅程里，地接导游的“随机应变”使旅游活动得以顺利进行。首先，她能够认真分析此团的行程，对时间进行合理地掌握，发现用餐时间可能会影响景点参观后，她马上与两家用餐酒店取得联系，使原本不能随意变更取消的团餐，在她的积极争取和酒店的帮助下成为了可能。但是，自始至终，地陪导游并没有将用餐的变更通知旅行社，这一点是不妥当的。其次，地陪导游的良好习惯也在关键时刻帮助了她。随身携带的记事本里，写满了与带团相关的联系电话及联络人，为导游节约了时间，免去了查询的麻烦。再次，在旅游车上，导游能将参观时间短带来景点不能面面俱到的真实情况告之游客，使游客能够了解，并且认可这种做法。最后，导游在旅游车上对景区内容的讲解让游客再次加深了对导游的印象。

由此可见，做一个“机灵”的导游不仅可以受到游客的夸奖，也是对自己导游应变能力的一次锻炼。

案例详解

应变能力是导游人员应当具备的基本能力之一，在一些旅游突发事件面前，导游的随机应变要注意“合理而可能”的原则。目前从事导游工作的人员存在年龄偏低、社会经验不足等现象，在带团中，更应该加强应变能力的培养。

一、在实践中得到锻炼

在带团实践活动中，我们必然会遇到各种各样的问题和实际的困难，努力去解决问题和克服困难的过程，就是增强人的应变能力的过程。

二、学会与不同的客人相处

旅游过程中，有许多问题是我们意想不到的，如不同的客人提出不同的要求。因此，只有首先学会应对各种各样的人，才能推而广之，应付各种复杂环境。

三、培养主动分析问题的能力

一般而言，导游要认真按照合同的要求和规定来履行接待计划，不可以擅自变更行程。但在特殊情况下，在游客参观游览中，的确需要我们做出临时决定以满足现场情况需要时，导游员就应该结合实际情况，做出果断的决定。本案中的导游员对意外情况的处理，虽然游客满意度较高，但也承担着没有向旅行社汇报带来的风险，所以，导游员在处理意外情况时要注意，不可顾此失彼。

19 连环套

案例介绍

春节外出旅游买个花瓶图个平安和吉利本是件好事，可到孙先生一家却遭遇了精明商家的“连环套”。

孙先生跟随旅游团外出购物时相中了一个样式不错的花瓶，标价200元，最后经过讨价还价，孙先生以60元的价格购得了这件心爱物。但就当孙先生为此沾沾自喜的时候，地接导游说道：“先生，买个这么漂亮的花瓶，怎么也得配个瓶托呀，再说了，您也得把这份平安托稳了呀。”孙先生一琢磨，还是导游小姐的话说得有道理，“行，就听你的，再来个托，帮我挑个漂亮的，得配得上我这瓶呀。”这边瓶托还没挑选完，一个售货员小姐凑了过来，“先生，您买了个这么漂亮的花瓶，又配上了瓶托，按我们当地人的习俗，有好瓶就得有好盒子装，叫把平安装起来，这样您再把花瓶带回家，所有的平安就都装在里面了，多吉利呀。”听了售货员小姐这么一说，孙先生心里又犯起了痒痒，“话说得也对，反正都买了，还不如一气买全了呢。”抱着“上当就一回”的心理，孙先生接受了导游和售货员的建议。花瓶配好了瓶托，装进了漂亮的盒子，孙先生一打量，确实增色不少，可一到收银台结账，孙先生傻眼了，一共300多块，花瓶的价钱是砍下来了，可为了60元的花瓶却搭进去200多元。抱着比花瓶还贵的高价瓶托和盒子，看着导游和售货员小姐的笑脸，孙先生说他真是有苦难言呀。

案例分析

购物是旅游过程中非常重要的一环，它不仅是游客参观游览活动的补充，在某些旅游线路中，如购物之旅甚至会成为出游的主要目的和原因，做好旅游购物的宣传，可以扩大目的地旅游城市的经济收入。因此，导游员应了解一些顾客购物行为特征和购物心理方面的知识。但是，在本案例中，导游与产品销售人员用尽心思，目的是要增加产品的销售额，并没有从产品的实用性为游客而着想，虽然整个推销过程看起来没有什么不妥当之处，但是，并没有体现出将游客的利益放在第一位的原则。

案例详解

游客每到一地，都想购买一些具有地域特色的纪念品及当地的土特产品。而要想购买到称心如意的产品，导游员自然就成了游客最直接的咨询对象。因而，导游人员的诚信非常重要。

一般来讲，导游在旅游者购物中有三方面作用：

（1）主导作用。导游一般会在游客购物前将当地的旅游纪念品介绍给他们，以加深游客对商品的购买欲望。

（2）参谋作用。许多游客非常信任导游，认为他们是行家，产品的好坏导游可以进行鉴别。

（3）维权作用。导游不但应当带旅游团到定点商店中购买产品，同时还要保障游客购买到货真价实的产品，不能以次充好。

本案例中，导游和购物店的销售员一唱一和，用“吉祥话”将游客60元的花瓶包装一番后，让游客以300元的价格买走，可谓“用心良苦”，让游客中了他们的连环套啊！

20 临行赠言 意味深长

案例介绍

王小平是一位经验丰富的导游，多年的带团经历让他的讲解功底颇深，游客们对他总是赞不绝口。一日，厦门某机关单位的七位领导到上海考察，由王小平全程陪同提供讲解服务。一位被称为“领队”的领导在景区里向王导提出了一个非常简单的问题，“上海市区有多大面积？”这可问到王小平的软肋上了，他虽说讲解能力强，但是对数字极不敏感，他自己都知道，多少人、多大面积这是他根本没记过的知识点，平时也少有客人提起，今天的问题该怎么回答呢？情急之下，王小平快走了两步，让大家看一下两边的景物，自以为这样打个岔就过去了。没想到，当游客结束了上海的旅程，在前往机场的途中，领导临行赠言：“王导讲解和服务都不错，但是，你不记得吗？你没有回答我的提问哦！当导游，一定要记住，不能跟他的客人打马虎眼。”一句话，王小平的脸一下子通红了。

案例分析

在本案例中，导游王小平自认为非常聪明地回避了游客的问题，没想到游客的一句临别赠言，让他深感内疚。

导游员在对客服务中，经常会有回答不上游客问题的时候，原因有许多，有时候是忘记，有时候是不了解、不清楚。作为游客，他们将导游看作是“杂家”，给予了极高的评价，而一旦遇到讲解不畅，无法表述的情况，不但会影响游客对导游的印象，还会影响讲解的连贯性，影响讲解内容的全面性，进而有损讲解质量。因此，每位导游一定要是熟记讲解内容，不要有小李的那种侥幸心理。

案例详解

随着时代的发展，现代旅游活动更加趋向于对文化、知识的追求。人们出游，除了消遣，还想通过旅游来增长知识、增加阅历、获取教益，这就对导游人员提出了更高的知识要求。

丰富的知识是做好导游服务工作的前提。导游讲解必须以丰富的知识作后盾，讲解内容要丰富，要言之有物，内容要健康，要有情有趣；讲解内容要有根有据，而不是胡编乱造。这就表明，导游服务工作本身要求导游人员具有真才实学，知识要丰富、涵盖面要广。事实也证明，导游人员的知识越丰富、掌握的信息量越大，就越有可能把导游工作做得有声有色，在更大程度上满足旅游者的知识需求。

我国导游行业的前辈王连义老师说：“在导游讲解时，决不允许同一个问题，两次回答不出来。”也就是说，导游人员要注重学习，不断充实自己，做到讲解有依据、有条理，不能不懂装懂，更不能不求甚解，只追求表面现象。游客对导游人员提出的诚恳的建议是导游完善个人职业成长的助推器，导游从业者一定要认真对待，找差距、弥补不足。

全陪导游篇

全陪服务是保证旅游团的各项旅游活动按计划实施与旅行顺畅、安全的重要保障因素之一。全陪作为组团社的代表，应自始尽终参与旅游团全过程活动，负责旅游团活动中各环节的衔接工作，监督接待计划的实施，协调领队、地陪、司机等旅游接待工作人员的合作关系。

01 “我是导游，先救游客！”

——花枝的精神，榜样的力量

案例介绍

湖南湘潭新天地旅行社全程陪同导游文花枝所带的旅游团一行28人赴延安参观，下午2点35分，当旅游车行驶到210国道陕西洛川县境内时，一辆大卡车迎面撞上了文花枝一行所乘的旅游车，发生了严重的交通事故；造成了一场6人死亡、15人重伤、7人轻伤的特大车祸。在事故中，坐在车右第二排的文花枝两腿严重骨折，其中左腿折成9段，有些骨块还已剥落；右胸第4、5、6、7根肋骨断裂；盆骨3处骨折。

车祸发生后，文花枝发现自己前面及左边同排的人均已死亡，其他人个个浑身血污，车上乱成一团。她想，若不尽快稳定大家的情绪，组织大家迅速开展自救，一些原本可以抢救过来的人就会因心理压力太大而加速死亡。于是，她不顾个人安危，艰难地打出了求救电话，并用尽力气大喊：“大家不要怕，会有人来救我们的。”然后组织乘客逃生自救。这期间，文花枝几度晕死，但是，她苏醒过来后就马上用自己的乐观与豁达稳定大家的情绪，鼓舞大家战胜灾难。文花枝坐在旅行车的前排，救援的人赶到现场后，当警察招呼救援人员抢救流血不止的文花枝时，花枝吃力地说：“我是导游，我没事，请先救游客！”救援人员看到花枝伤势很重，便不顾她的请求，准备拿撬棍撬开卡住文花枝的椅背，救她出来。花枝再次喊道："拜托你们先救他们，我年轻，挺得住！"

伤员一个个被就救走了，下午4点多，距离事故发生已2个小时，车上只剩下文花枝了。花枝在确认车上没有任何人后，才让救援人员将自己抬下车。此时，她已经休克了。文花枝被送进了洛川县人民医院。经过抢救苏醒过来的她从医务人员的谈话中知道自己是活着的人中伤势最重的，必须马上手术，但手术室和医生都不够用时，她便装作轻松地对医生说："我年轻，挺得住，先给他们做手术吧。"看到这个年轻的妹子这样不顾自己，医生又敬又疼，说："再耽误几分钟你就没命了，看你还挺不挺得住。"

由于伤势严重，时间又拖得太久，文花枝的伤口已严重感染，随时有生命危险。29日，她被转至解放军第四军医大学附属西京医院抢救。但是，终因伤势太重且误时太久，西京医院的专家们无奈地为文花枝截去了左腿。她的主治医生李教授痛惜地说："若不耽误这宝贵的抢救时间，她这条腿是能够保住的啊！"

花枝的无私无畏和不怕牺牲的忘我精神令人敬佩，她把游客的生命和利益放在了首位，她是旅游行业的英雄。花枝精神感动了中国，感动了所有旅游行业的从业者，2006年文花枝被评为全国模范导游和全国十大杰出青年。

案例分析

学习文花枝就是要学习她忠于职守的优秀道德品质。花枝在关键时刻以自己的生命为代价，为挽救他人的生命赢得时间。

在危险面前，不顾个人安危，一心想着游客，鼓励大家坚持下去，她的坚强的意志力和高尚的道德品质，令人感动，令人敬佩。

案例详解

文花枝在生死关头把生的希望留给游客，把死的威胁留给自己，充分体现了“先天下之忧而忧，后天下之乐而乐”的精神，展示了新时期导游人良好的精神风貌和崇高思想境界，是旅游从业人员中优秀的代表。所有的导游员都要通过学习“花枝精神”，促进自身思想道德素质的提高、服务质量的提高，增强情系游客、关爱他人的服务意识，加强旅游行业精神文明建设。

当危难出现时，同为导游，我们会做出“我是导游，先救游客”这样的选择吗？文花枝是年轻导游员的代表，学习“花枝精神”，就要学习她舍己为人、无私奉献的优秀品德；诚信为本、忠于职守的职业情操；游客第一、勇于负责的高尚品质；坚毅刚强、乐观向上的人生态度。

学习“花枝精神”就是要牢固树立游客至上观念，不负“游人之友”的称呼。

02 全陪工作顺口溜

案例介绍

出团准备要充分，接团时间要保证；

欢迎致词要精彩，行程安排要讲明；

提出要求要中肯，致词完毕要鞠躬；

行车安全要提醒，沿途路标要记清；

临近景区要介绍，游客印象要加深；

地接接头要接准，工作衔接要细心；
食宿行程要计划，事权责任要划分；
住宿分房要高效，先易后难要理顺；
查验房间要标准，遇到问题要尽心；
餐饮安排要早定，查实质量要卫生；
游客口味要询问，问题若大要调整；
游览观光要操心，频繁集中盯点名；
地陪讲解要督促，故事传说要生动；
扶老携幼要安全，确保游客要开心；
景点数量要到位，规定时间要保证；
购物加点要把握，伪劣假货要提醒；
意外事件要补偿，全陪地陪要沟通；
难题大事要请示，处理解决要冷静；
避免争执要灵活，原则问题要慎重；
讲话办事要分寸，遇有差错要取轻；
游客权益要保护，公司一方要维信；
导游自身要人格，威信尊严要并重；
地接团款要理清，互助合作要精明；
对方优点要学习，互惠互益要双赢；
返程时间要准确，安全警钟要常鸣；
归途气氛要活跃，娱乐节目要欢欣；
游客意见要征询，相互友谊要加重；
安全返回要通报，游客到家要欢送；
携带物品要收回，出团账目要算清；
总结经验要全面，回访游客要真诚。

案例分析

本案例以“顺口溜”的方式，将全程陪同导游的工作内容进行了生动的概括、朗朗上口、易于记忆。

全陪导游人员是组团旅行社的代表，对所率领的旅游团（游客）的旅游活动负有全责，因而在整个旅游活动中起主导作用。其主要职责是实施旅游接待计划、联络工作、组织协调工作、维护安全、处理问题并对旅行社产品和企业文化进行宣传。一名优秀的全陪导游人员是旅行社与游客之间的纽带和桥梁。

案例详解

全程陪同导游人员，简称全陪。负责按照合同约定实施组团旅行社的接待计划，监督各地接待社的履约情况和接待质量，负责旅游活动过程中与旅行社的联络，做好各站衔接工作，协调处理旅游活动中的问题，保障旅游团（者）的安全。

全陪导游的服务内容有：

(1) 全陪导游上团前，要查阅接待计划及相关资料，了解旅游团（者）的全面情况，掌握其重点和特点，做好必要的物质准备，携带必备的有关证件和资料。接团的前一天，全陪导游应同接待社取得联系，互通情况，妥善安排好相关事宜。

(2) 首站接团服务要使旅游团（者）抵达后能立即得到热情友好的接待，让旅游者有宾至如归的感觉。接团前，全陪导游应向接待社了解本站接待工作的详细安排情况；应提前半小时到接站地点迎候旅游团（者）；接到旅游团（者）后，应与领队核实有关情况，协助领队向地陪导游交接行李，并代表组团社和个人向旅游团（者）致欢迎词。欢迎词应包括表示欢迎、自我介绍、表示提供服务的真诚愿望、预祝旅行顺利愉快等内容。

(3) 入住饭店时，全陪导游应当协助领队办理旅游团的住店手续，并热情地引导旅游者进入房间，还应协助有关人员随时处理旅游者进店过程中可能出现的问题，使旅游团（者）进入饭店后尽快完成住宿登记手续、入住客房、取得行李。

(4) 全陪导游应当与领队核对、商定日程。如遇难以解决的问题，应及时反馈给组团社，并使领队得到及时的答复。

(5) 全陪导游应当向地陪导游通报旅游团的情况，协助地陪导游工作，监督各地服务质量，酌情提出改进意见和建议，使接待计划得以全面顺利实施，各站之间有机衔接，各项服务适时、到位，保护好旅游者人身及财产安全，突发事件得到及时有效处理。

(6) 离站时，全陪导游应当提前提醒地陪导游落实离站的交通票据及准确时间，协助领队和地陪导游妥善办理离站事宜，认真做好旅游团（者）搭乘交通工具的服务。

(7) 在向异地移动途中，无论乘坐何种交通工具，全陪导游应提醒旅游者注意人身和物品的安全；组织好娱乐活动，协助安排好饮食和休息，使旅游团（者）的旅行充实、轻松、愉快。

(8) 在当次旅行结束时，全陪导游应提醒旅游者带好自己的物品和证件，征求旅游者对接待工作的意见和建议，对旅途中的合作表示感谢，并欢迎再次光临。

(9) 下团后，全陪导游应当处理好旅游团（者）的遗留问题。按时填写“全陪日志”或其他旅游行政主管部门（或组团社）所要求的资料。

03 趣味讲解

案例介绍

冬天是许多孩子最向往的季节，西三道街小学的大队辅导员老师带领全校三百五十名小学生到冰雪大世界去赏冰灯，为了使同学们得到更好的照顾，学校委托旅行社派专车和导游给同学们提供全程的服务。

同学们的兴奋劲可别提了，一上车就喊啊！叫啊！司机师傅都有些不耐烦了。可导游小苏却面带笑容，拿起话筒对同学们说："大家好，我是导游苏红，你们叫我什么啊！"同学们听到导游悦耳的招呼声后，也异口同声地回答说："苏阿姨。"

有了这一来一往的铺垫后，小苏的讲解就开始了。"同学们，你们喜欢冬天吗？""喜欢。"小苏接着说："其实，生活在东北的人们，很早已和冰雪有了深厚的感情，一到冬季，特别是腊月里，在居室里"猫"了一冬天的人们，一看见白白的雪原，一看见晶莹的冰河，心中便增加了几许愉快和清新，于是成帮结队地走出居室，奔向雪原和冰河。来到冰上干什么？（语速放慢）轱辘冰，打滚……这往往是一种集体娱乐，或比赛。一个人穿着厚厚的棉衣往冰上一躺，另一个人使劲推拉，称为"拉冰"。自己在冰上打滑，称为"打滑哧溜"，这都是东北民间的轱辘冰活动，同学们，想不想体验一下啊？""想……"

小苏又说："在冰上打滚和在雪地上躺一躺，其实也是一种锻炼，在冬季，人们在屋子里待得时间太长了，就可能会生病，而到户外的冰上和雪地上走一走、跑一跑、跳一跳、滚一滚，人们身上的各个部位，都会得到运用，于是各种疾病便会一下消失，所以说冬季是一个充满着乐趣的季节。”

案例分析

在本案例中，小苏的讲解受到了同学们的欢迎，这不仅仅是因为小苏具有亲和力，还因为在她的讲解中处处充满了童趣，让这些对户外运动渴望已久的孩子们更加着迷。小苏为了引起同学们的注意，还采用问答的讲解方法，让所有的同学都从吵闹中安静下来，一同参与到她的“趣味讲解”里。所以，小苏的导游讲解是很成功的。

案例详解

一名优秀的导游员，可以生动地表达，用自然而形象的语言给旅游者带来轻松、愉快和美的享受，引起游客的共鸣。有时候，导游员具有号召力的语言会有一定的感染力，对景点起到画龙点睛的作用，这是导游语言艺术性和趣味性的体现。

突出导游讲解的趣味性，必须注意以下六个方面的问题：

（1）注意情节设计，可以穿插故事或传说，引起注意。

（2）语言生动形象，用词丰富，注意语音和语调的把握。

（3）恰当地运用修辞方法。

（4）幽默风趣。

（5）针对性强，分析不同类型游客的心理需求，提供有针对的讲解。

（6）现场应变。

04 学会委婉拒人

案例介绍

全陪导游小陆所带的华东五市六日游的旅游团行程即将结束了，在临上飞机用餐时，地陪导游特意安排大家在南京的特色旅游用餐酒店里用餐，希望大家对华东留下一个美好的回忆。在吃饭时，酒店的老板拿着一包东西走了过来，很客气地对导游小陆说："我听地陪说，大家是从银川来的，我有个兄弟也在那儿，您能不能帮我把这包东西带回去交给他？"小陆是个热心肠，问了一句："行，您这是什么啊！""这是南京的特产盐水鸭。""是吃的啊！这个……"小陆犯了难，心想："大家一路坐火车回银川，万一食物变质可怎么办呢？"但怎样才能婉言拒绝呢？

案例分析

导游员在带团的时候，常常会遇到游客和其他工作人员提出的请求或者委托。但是，根据实际情况，并非所有的委托和请求都能够做到。这里有许多制约因素。如本案例中酒店老板托小陆传递食品一事，小陆是不能应允的。因为，食物的保质期很短，无法保证到达目的地后食物的品质。所以，学会婉言拒绝，就成为导游必须要掌握的一项技巧了。

案例详解

“婉言”即婉转之言，字典上解释为“说话温和而曲折，但不失本意”。善说“婉言”就是在表情达意的时候，要有意识地将可能“刺”人的话转换成温婉的话来表达，以避免不必要的语言伤害。

婉言是要以诚相待，把话说得“好听”一些，让人易于接受一些。善说“婉言”也需要提高思想文化素质，导游员在旅游团队上运用婉言要注意以下几个方面的问题：

(1) 以尊重他人为前提。

(2) 注意说话分寸的把握。

(3) 要有正确的态度，不能讽刺和挖苦他人。

05 黄山之行

案例介绍

导游小李作为全陪带着某旅行社组织的“夕阳红”旅游团到华东五市去旅游。出团前，在机场时，导游员小李便发现在这个旅游团里面许多老人还是第一次坐飞机，有的儿女特别叮嘱导游小李，要把靠窗的位置分给他们的父母，诸如此类的委托太多太多，小李似乎有些手忙脚乱。飞机平稳地降落在南京机场后，旅程也正式开始了，一路上老人们唱着一首首难忘的老歌，车内气氛十分热烈。

旅游团在第三天来到了素有“四绝”之美誉的黄山。游客们在兴奋之余，似乎忘记了自己都是年过半百的老人了，都想登到山顶。但是由于路途过远，而且山势险峻，更何况他们都是老人，如果中途出现事情，老人们的安全是无法保障的。地陪征求全陪小李的意见，小李考虑后说：“大家最好乘索道上山，不仅安全，还可以保存体力。”可是，没有想到的是，有一位客人，执意要徒步登上山顶，同时，还大声地说：“导游让咱们乘坐索道，不要以为她好心，她要拿回扣。”无奈，导游员陪着老人们一直走了近六个小时，到达了山顶。

事情不仅如此，当晚所有的团队客人住在了黄山上的光明顶宾馆，由于这里的条件十分简陋（合同中注明），许多客人怨声载道，有些人甚至不愿入住，和地陪及小李僵持了两个小时之久后，小李无奈试图与酒店协调，也没有任何结果。为了使客人尽早休息不影响第二天的活动，小李把自己的床位让给客人住，希望客人可以心里平衡一些，而自己却在大厅的椅子上坐到了天亮。

第二天清晨，游客们起了个大早，却没有看到日出，心情有些灰暗。一位年纪不太大的阿姨，一边梳着头，一边走向李导，用木梳指着导游说：“我回去一定投诉你，给我们安排的什么房间啊！根本住不了人！”小李从来没有被客人指过鼻子，而且觉得自己尽了最大的努力，可是客人仍不满意，鼻子一酸，所有的委屈一下子顺着眼泪都流了出来。许多游客上前劝说，也有人指责那位女士，不该怨导游，这是旅行社安排上出现的问题。小李心里此时只有一个想法，以后再也不当“夕阳红”旅游团的导游员了，真是费力不讨好。

小李虽然受了很大的委屈，但是她的热情和主动，还是赢得了大多数客人的理解，回到旅行社后，也没有接到那位客人的投诉电话。由于小李的细心、耐心，她依然是旅行社老人团队的首选导游。

案例分析

按照传统习惯划分，我国一般将退休以后的人员，划入老年的范畴。当前，在我国人口呈现出明显的老龄化态势，老年人口已经占到了全国人口10%左右，并且仍然持续上升。旅行社行业也看好了这一市场，大力开发“银色旅游市场”。老年旅行团一般价格较低，因为一些景点对60或70岁以上的老人实行免门票制度，民航公司也对老年人推出低折扣的优惠政策，这样一来，吸引了大量的老人出游。

本案例中，主要涉及如何对老年旅游团体进行服务的问题。导游员小李，的确在接待团队过程中受了许多委屈，但在与游客沟通时，还是缺乏一些沟通的技巧。应注意以下几点：

(1) 老年人对旅游服务期望值非常高。我们可以看到，合同中已提示到在黄山住宿时条件会非常艰苦，但老人们认为，这种条件是不能接受的，合同也没有用，必须要调换房间。

(2) 老年人比较节俭。在一些自费项目上，许多老年人不积极、不参加。除了怕导游员从中挣取回扣外，也和一些老年人非常节俭，不愿意多花费有关。尤其是经常听说导游员是如何“骗”钱后，产生了一种排斥心理。

(3) 怀旧心理强烈。老年人在多年的生活中积累了丰富的经验，他们十分留恋过去的生活，对新鲜事物接受慢，喜欢听旧歌曲，谈往事。导游员在服务中一定要保持充足的耐心。

(4) 游览速度要慢。老年人的体力往往不及年轻人，导游员在为老年团讲解时，要放慢步伐，边走边讲，给老年人休息的时间。

案例详解

老年人的特点是好思古怀旧，希望得到尊重。在旅游过程中，他们希望能与导游员多沟通、多交流。

一、带领老人团的导游要具备的条件

（1）带领老年旅游团的导游员要有一定的资质和带团经验，敬老爱老，服务热心、细心、耐心，具有亲和力。

（2）带老年团的导游员应具备一定的医疗知识，掌握一定的应急救护常识。

（3）导游员在带团过程中要注意节奏，活动安排要充分考虑老年旅游者的特点。

二、出团前的准备

（1）提醒老年游客准备足够的常用药物，并在旅游过程中及时提醒服药。

（2）提醒老年游客衣物一定要带足，以备气温低时及时添加。

（3）提醒老年游客准备一双柔软舒适的便鞋或运动鞋，一把方便携带的雨伞及太阳镜、防晒霜等用品。

（4）告知老年游客在游览活动中一旦走失应站在原地等候。要求客人外出时携带所住酒店的名片或行程表。

（5）在出行前及旅游过程中，导游人员要保持手机24小时畅通，并告知旅游者导游的手机号码。

（6）告知老年游客因为旅行中的景点门票都是按老年人优惠门票价格购买，所以请他们务必带上身份证、老年证、离休证等。

三、餐饮、住宿、交通等要求

（1）餐饮服务。最好提前告知老年游客就餐的座次和用餐的同伴。进入餐厅时，提醒老年游客注意餐厅地面，防止滑倒。菜肴做到冷、热、荤、素搭配合理；主食保证数量，忌安排辛辣、刺激性较强的食物。提醒老年人游览期间勿饮酒。此外，饮食要讲卫生。在旅途中的饮食宜清淡，多吃蔬菜水果，外出时提醒老年游客自备餐具和水杯，并确保行程中的热水供应。

(2) 住宿服务。在安排酒店住宿方面，尽量安排同一楼层住宿；如遇没有电梯的酒店，避免安排在三楼及以上楼层。安排游客入住后，导游必须检查每一个房间的安全设施，向旅游者讲明消防通道方向和安全设施使用须知。提醒客人进出卫生间需防滑，洗澡时可先将地巾铺到地板上。提醒老人要保管好自己的随身物品，贵重物品随身携带，房卡（或钥匙）也要保管好。

(3) 交通服务。选择正规的旅游车队。行车时间过久时，应适当增加停车休息次数。另外，避免选乘红眼航班。

(4) 游览服务。老年团的行程设计一般是以经典景区为主线，并配合一些适合老年人的主题活动。旅行社在游览安排上尽量做到休闲、轻松，避免过度疲劳。可适当安排一些如养生讲座、琴棋书画比赛、联欢会等活动。为防游客走失，可将组团社、地接社以及导游员的联系电话写在纸上，做成胸卡交游客保存。

(5) 购物。在行程中，要慎重选择和推荐购物点，指导老年旅游者理性消费。

(6) 讲解注意事项。在景点解说上需要慢速，口齿清晰，服务要亲切、热情和周到，在导游讲解技巧上要多运用含蓄、幽默的方法。

(7) 安全问题。导游工作要突出一个“稳”字。进入景区时导游必须提醒旅游者安全注意事项。游览时，做到走路不观景、观景不走路。碰到上山下坡、路滑不平时，更要提醒老年游客注意安全。参观游览一个景点后，要适当安排自由活动时间。

06 教授“教”说话

案例介绍

老教授合唱团的游客在经过5个小时的车程后，终于在晚上7点半到达了美丽的杭州。一路下来，老人们早已经饥肠辘辘了，全陪导游何小明一边安排房间，一边到餐厅里催促上菜。看到客人的晚餐上得较快，导游松了一口气。这一组游客都是大学的教授，文化层次比较高，但也很挑剔。就拿昨天来说，上海的午餐质量还是不错的，可是一位王教授把全陪何小明叫到身边说：“小何，能不能让菜多点儿，这家餐厅做事情怎么这么小气，这点菜怎么够大家吃啊！”小何看了一下餐桌上的菜量，想尽量解释一下，于是说：“大家可能都知道，我们国家的菜分为四大菜系，口味和做法也各有特色，这上海菜就讲究精和细，贵不在多而是在精。”话还没讲完，王教授当时就火了：“小何，你是不是我们的导游，是不是全陪，怎么说话呢？向着谁呢？上海导游给你什么好处了，你还向着他们说话。”小何十分难堪，立刻补充道：“我的意思是，大家放心，别管菜盘大小，一定会让大家吃饱。”王教授说：“你说话有毛病。你应该说：‘大家放心吃，一定会让大家吃饱。’然后再介绍上海菜。”

小何这时真的无言以对，他一边走一边自嘲地唱道：“教授的心思你别猜、你别猜，你猜来猜去也猜不明白。”

案例分析

在本案例中，王教授属于争辩激动型的游客，好胜心强，无论什么问题和事情他们都要提出异议和反驳，并且非要争个高低，不达目的誓不罢休。在与别人争论时又往往显得很激动，脸色较难看，说话声音又大又快。激动时难免出言不逊，经常伤害别人的感情，往往搞得不欢而散。

案例详解

导游员对待此类游客要有充分的思想准备，防止与游客搞不好关系。在与此类游客打交道的过程中，要注意保持头脑冷静，不要伤害他，始终保持一定的交往距离。游客与你争辩或比较激动时，要克制自己不能冲动，而且要有微笑，等到游客停下来以后，再慢慢地进行诱导。当然，在诱导过程中，一要态度和气；二要说话论据充足，论证要正确合理；三要速战速决不拖泥带水，防止再度引发新一轮的争辩；四要给游客面子，不伤和气和感情。

07 拒绝入住的游客

案例介绍

每位游客在旅行时都希望可以“吃得香、睡得好、玩得乐开怀”，可是许多时候，要想让这些都能实现也不是件容易的事情。

导游小袁以全陪的身份带着19位游客到辽东半岛旅游。我国目前许多火车旅游团在设计行程时都选择“夕发朝至”的火车往返，这种形式的旅游团不仅可以将住宿费用节省下来，也可以将实际的旅游时间“增加两天”。辽东半岛的行程第一晚是在火车上度过的，游客们个个感觉腰酸背痛，因此，对第二天所下榻饭店的住宿条件非常关心。全陪导游小袁多次询问地接，晚上的宾馆条件如何，是不是标准三星、独立卫生间等细节，地陪均以“请放心，没有问题”回答。可是，出乎意料的是，进入宾馆大厅，游客的心里就不舒服，使用过的布草堆在地上到处都有，灯光灰暗，服务员懒洋洋地接待了大家。许多游客心想，可能房间也好不到哪儿去。全陪小袁在给大家分配完房间后，到各个房间去巡视了一下，听到的反馈是：床单脏、卫生间厕所味道刺鼻，窗纱上一层灰尘……在这种情况下，客人们提出拒绝入住，大厅里陷入了一片混乱。

小袁此时立即打电话给地陪，告诉她宾馆里发生的情况。地陪却说，现在是旅游旺季，能有房间睡觉已经很不错了，房间也是旅行社订的，她已经到家了，请全陪找旅行社解决。地陪不负责任的几句话，让小袁非常生气，她拿出全陪接团计划，找到了地接旅行社此团的计调联络，在小袁的努力下，宾馆同意把所有的客房卫生重新清扫，游客看见小袁这样积极地为大家安排，再也没提其他意见和要求，几位大喊投诉的游客，也安静了下来。两个小时后，疲劳了一天的游客终于在干净和舒适的房间里进入了梦乡。

案例分析

出门在外，游客对其入住宾馆的清洁卫生是最为关心的，这也是一种正常的心理需求。因为宾馆的卫生状况，不仅关系到旅游者的健康问题，而且还对旅游者的情绪情感产生影响。客人一进入饭店，看到明亮的玻璃，一尘不染的用具，雪白的床单等，就会有一种舒畅、振奋的体验。

小袁所带旅游团的游客并非是在无任何道理的前提下拒绝入住的，旅游者提出更换房间，这也是人们对住宿卫生安全的心理需要。小袁能够在地陪不负责的情况下，将此事妥善处理好，不仅体现了小袁处理危机的能力，也使游客在心理上获得慰藉。所以，导游员在带团时，应注意要尽量满足游客最基本的生理需求（求干净、求卫生、求舒适），以保证给旅游活动打下一个良好的基础。

案例详解

全陪在带团过程中，一定要做好与地陪的联络和协调工作：

（1）做好领队与地陪、游客与地陪之间的联络和协调工作。许多旅行社的地陪导游人员对全程陪同导游提出的“问题”见怪不怪，常常以这是当地的特情为借口。可是，受组团社委派带团的全陪导游人员担负着沟通和协调的作用，遇到游客不满意或较为集中的问题时，有必要给予快速地应急处理，以游客满意为前提。这时，对全陪的应变能力和组织能力都提出了较高的要求。

（2）做好旅游线路上各站之间，尤其是上、下站之间的联络工作，通报情况（如客人的意见、游客的要求等），落实好相关的接待事宜。

08 座位被占了

案例介绍

全陪小越带旅游团去河北旅游，下火车后换乘旅行社安排的旅游汽车。每位登上汽车的游客都选择了自己中意的位子上，一天下来平安无事，可第二天就出问题啦！早晨集合时，整个团的游客除了一位六十岁左右的老婆婆外，全都坐好了。小越问老婆婆为何不上车，老大妈很不高兴地说："我不能坐在车后边，昨天的位子在前排还好，可今天上车动作慢了点，那个位子被一位年轻的游客坐了，我想让小伙车坐回原先的位置，可那位小伙子就是不让位，他说导游又没说要坐回自己原来的位置，他喜欢坐哪儿就坐哪儿，大家花一样的钱来旅游，为什么他要在后面。"

老大妈描述完这段话后，还补充了这样一句："小越，你当导游应该把工作做到前面，你为什么不讲到底该怎么坐呢？"小越十分为难地回到了旅游车上，将老大妈的情况说明了一下，并向各位客人致歉，小越说："我工作没做细，我希望大家下次乘车还按现在的座次座好。但是，也希望年轻人多照顾一下老人和小朋友，尽量照顾他们。"最后还是另一位团友让出自己的位子给了老大妈，团队的行程才得以进行下去。

案例分析

一般来讲，游客在参加旅游活动之前，对导游、司机包括旅游团的游客都有一种直觉的想象和判断，期望可以享用旅行社提供的服务来达到自己的出游目的，这是一种期待。而当旅游活动正式开始时，旅游者又会根据自己接触到的服务来进行比较，一旦事实与期待产生差异，旅游者就会感到不受"重视"，感觉被人忽略。老大妈的心理就是这样，所以，导游员应多掌握游客心理，提供贴心服务，尽力使游客满意。

案例详解

在本案例中，导游的确在工作中有疏漏，才导致本不该出现的纠纷发生。大多出行者，尤其是一些年纪大些的老年游客有"求受重视"的心理，希望导游和周围的人都在意自己的感受。因此要求导游做到以下几点：

(1) 尊重游客，将准备工作做好，提前告之出行注意事项，减少不必要的麻烦。

(2) 经常询问游客感受，与其多沟通、多交流，及时弥补工作不足。

(3) 导游在服务过程中要一视同仁，不可对客人亲疏不一。

09 印象变了

案例介绍

在民航机场的大厅里，导游小黄比规定时间还早到了十五分钟，她打开导游旗，挂上导游证，希望旅游团的游客一进机场候机厅就可以看到。陆续地，离规定集合的时间一点点地接近了，小黄周围的游客也越聚越多，送行的、嘱托的，一时间，大厅里好不热闹。这时，小黄从包里拿出旅行社发送给大家的旅行纪念章，希望大家可以佩戴在左胸前，便于大家互相照应。由于人多，小黄感觉很忙乱，为了省事儿，她索性把能挂的手机链、导游证全挂在脖子上，能顶在头上的全放在头上。这时，远处的一位游客孙大爷一直在观察导游，没有说话，只是默默地看着。

小黄一直忙于各种琐碎的事情，直到三个半小时后，她才正式以全陪的身份在旅游车上郑重地介绍自己，讲了一些旅游时的注意事项，不过大家发现小黄的口才很好，言语中透露出的真情也让人觉得很踏实，应该是位负责任的导游。时间一天天过去了，第四天的时候，孙大爷和小黄正巧在旅游车下闲聊，孙大爷笑着告诉小黄："第一眼看见你是在机场，我心想，这回可不好，导游衣冠不整不说，手忙脚乱的，身上能搭上东西的地方，全让你给放上了。可是，这几天，你在安排和落实事情上，我彻底对你改观了，看来，当初的印象把我这老头给蒙了。”

小黄听完孙大爷这段话后，不好意思地笑了，她说：“那天，我给您留的印象不好，其实也怪我，您看我脖子上挂了一堆东西，衣服上也是丝带，谁看都可能觉得我是个不利索的人。今后，我一定注意，争取下次您再跟我出去旅游时，一定给您留个好的印象。

案例分析

游客出门旅游，很希望可以遇到一位综合素质好的导游，认为有这样的导游全程陪同才让人放心。导游小黄是一位比较出色的导游，但是，第一天在机场集合时，在孙大爷的眼里，小黄不仅衣冠不整，而且没有章法，因此对小黄的服务能力产生了怀疑。但在接下来的几天时间里，小黄用自己的表现向大家证明了她的实力，也改变了孙大爷对小黄的印象。

本案例说明，导游人员在工作一开始就应注意给游客留下一个好的印象。如果导游人员不注重第一次交往的效应，往往容易造成误会，如果事后又不懂得弥补，就会给游客留下“此人不可信”的印象。而印象一旦固定，要改变它就得付出很大的努力，花很多的精力。所以导游人员要重视树立良好的第一印象。

案例详解

导游的形象和精神面貌很重要。导游员可以良好的形象、优雅的动作、精辟的语言组织能力、合理的着装来吸引游客，在游客心中树立良好的形象。提高游客对导游人员信任度的途径是多方面的，但主要还是要靠导游人员的实际行动。如：

(1) 重视自身形象和仪容仪表。

(2) 多干实事，不说空话、大话。

(3) 多同游客进行沟通。

10 游客意见不一致

案例介绍

李先生单位组织员工旅游，正赶上其夫人休年假，于是一同参加了九寨沟七日游的旅行团。李先生和李太太参加的这一团，行程前几天都还算平顺。第五天行程表原为九寨沟—黄龙沟—九黄机场—成都，然而全陪事先没和地陪核对行程，地陪误以为此团是参观牟尼沟而非黄龙沟，加上地陪前一天没事先宣布第五天要走的行程，全陪也没去过黄龙沟，不知黄龙沟是什么模样。在第五天参观牟尼沟后，李太太发现这个沟好像和书上描述的黄龙沟不一样，于是进一步询问地陪，这时地陪及全陪才发现行程走错了，应该要去黄龙沟，却去了牟尼沟。李太太和一些团员向全陪反映，既然有安排黄龙沟，明天无论如何都要想办法去；但另有一派的团员认为既然错误已造成，就算了，明天还是照既定行程进行，不要更动第六天的行程，就这样两派团员意见争执不下。

全陪这时也不知如何是好，团员的分歧很大，全陪无法说服旅客，但也拿不定主意，最后全陪接受李太太等人的意见去黄龙沟。第六天一早全团赶往黄龙沟，途中提早用午餐，用完午餐后，到了黄龙沟入口，全陪告知游黄龙沟需要三四个小时，而当天下午由机场往成都的班机是下午四点钟，因此参观时间非常紧张。当时团员又分成两派，一派是以李太太为首，坚持一定要全程进去玩，另一派怕赶不上飞机，主张在附近参观就可以了，双方又是一阵言语争执，最后李太太等人还是坚持游全程，所以，他们就自己进去参观，全陪和地陪都没陪同。李太太等人沿途加紧脚步，回程时更是走走跑跑，总共花了四个半小时，虽然很累，但玩得非常高兴。但没去参观的另一半团员就非常不高兴，因为苦等四个半小时不说，还发生团员在车上休息睡午觉，司机不晓得跑到哪里去，车门上锁，团员被困在车内下不来，怒气难平。全团后来在三点四十分赶到九黄机场，但由于当天机位客满，候补的人很多，该团因为晚到，机位被取消了，这下两派团员又怪来怪去，吵来吵去。飞机搭不上，怎么办？地陪和全陪紧急安排游览车，全团在黑漆漆的山路，花了十三个小时摸黑赶到成都，沿途险象环生，团员在伸手不见五指的山区下车方便，大家都很害怕一不小心掉到山谷里，也很害怕途中遇到山贼被抢，或被伤害。所以全团团员没人敢休息睡觉，所幸全团有惊无险在凌晨三点钟抵达饭店，结束了这场惊魂车程。由于这样的变动，原来安排的“川剧变脸”“青城山风景”“成都风味小吃”“成都麻辣火锅”等内容也取消。全团团员对此非常不满。

案例分析

旅行团的团员形形色色，要和谐相处本来就不是件容易的事，在本案例中，由于地陪及全陪的疏忽，彼此没有事先核对商定行程，地陪误认为是去参观牟尼沟，将全团带往牟尼沟参观完后才发现错误，这是地陪及全陪的疏忽和失职。而当全陪与地陪发现走错行程后，团员意见就分成两派，一派认为错了就错了，往后的行程还是照既定的行程进行，黄龙沟就不去了；另一派认为无论如何都要想办法去黄龙沟。由于两派意见争执不下，就行程方面无法达成共识，全陪也无法居中协调，就这样隔天一大早全团还是去了黄龙沟，只是到了黄龙沟又为了是否要全程游玩又有两派意见，后来有些旅客还是游完全程，但行程因此耽误，没搭上飞往成都的班机，导致后来必须在黑夜里冒险摸黑赶山路。

案例详解

这里有一个问题值得讨论，黄龙沟因疏忽没有照既定行程参观，发现后是否一定要安排参观呢？团员两派意见争执不下，全陪要如何处理，是否可用表决来处理？首先全陪及地陪发现行程漏了黄龙沟，这时全陪最好与地陪及组团旅行社讨论安排去黄龙沟的可行性，如果时间及交通等一切没问题时，再与旅客讨论如何排定行程。反之，如果安排去黄龙沟实际上有困难，就应该把原因向旅客说明清楚，然后针对黄龙沟没去的情况依照旅游合同进行合理解决。在本案例中，全陪在发现错误后，应全面了解去黄龙沟的车程及游览时间，然后向团员说明去黄龙沟的车程及时间，并做出对行程最不受影响的建议：①不去黄龙沟。②去黄龙沟，但因班机缘故没办法参观全程。让团员表决决定，团员在清楚整个状况后才能做决定，不能任由团员漫无目的争吵或决定行程，全陪或许在这方面经验不足，没能妥善处理这件事，终致赶不上飞机而引发后续更多问题。

11 野外探险遇到蛇

案例介绍

近几年，在节假日外出度假的人是越来越多，一些喜欢冒险的年轻人更把到“深山老林”探险作为首选目标。户外运动的爱好者小强听朋友介绍某旅行社要举办一次野外生存自游行的活动，非常积极，立刻到旅行社报了名。这次旅行的目的地是张家界，在出行前，旅行社的全陪导游员为大家开了一次行前说明会，重点提到了旅游期间的安全问题，全陪宋勇说：“这一次旅行社组织的户外自由行活动应该是非常符合我们每一位年轻朋友求刺激、挑战自我的需要。我们对全程活动进行了周密的安排。但有一点，我一定要重点强调，即安全性。张家界景色优美，但是山高林密，而且在国庆节这个季节，正是蛇出没的高峰期，它们一般都藏身在树林、草丛和竹林当中。因此，一定要注意安全。”

带着一种对大自然的憧憬，全团 13 位游客出发了，与其他旅游团不相同的是，这组游客自律能力极强，用全陪宋勇的话来讲，这个团的游客就像一支纪律部队，大家一路上互相帮助，从野外露营到生火做饭，处处体现了团队的精神。在不到两天的时间里，十几位队员就像老朋友一样，相处得非常融洽。第四天，按计划，旅游团要翻越一座没有路的山岭。走在后面的一位大学生游客惊叫了一声，大家回头一看，小伙子整个人脸色难看极了，上前一问得知，他被什么东西咬了一下。经验丰富的全陪宋勇揭开裤管一看，原来被蛇咬了一口。宋勇立刻从自己的背包中取出小药盒为他进行紧急处理。

案例分析

随着旅游活动项目和旅游线路设计向人性化的发展，一些惊险和刺激的旅游项目日益增多。如本案例中，导游人员在行前特别强调旅行安全，然而在行进中仍然防不胜防。如果游客遇到蛇，蛇不向你主动进攻，千万不要惊扰它，尤其不要振动地面，最好等它逃遁，或者等人来救援。万一被蛇追赶，由于它跑得很快，千万不能和它较劲直着往前跑，而要跑曲线，使蛇看不到你，就有可能脱险了。

案例详解

导游在带团时除了要增强安全防范意识外，如出现了蛇咬游客的意外事故，还要懂得一些急救常识：

(1) 在不小心被蛇咬到的时候不要太慌张，要仔细看清是什么形状的蛇咬自己，咬后的伤口痛不痛，有没有变肿，颜色是否变黑了（这样有利于医生“对症下药”）。

(2) 最好马上用绷带包扎，包扎位置是伤口上部。同时应用火“烧”一下被咬部位，并用水清洗伤口，务求把部分毒素逼出。

(3) 被袭击后，伤者应让受伤部位保持下垂，并要避免运动，以免蛇毒入侵其他脏器。

12 午餐事件

案例介绍

北京全陪带着由22个台湾同胞组成的“游丝绸之路”旅游团在安西招待所里用午餐。团队一行于12点30分准时按预定时间到达，服务员们也很热情地招待客人，不久热菜热饭就上来了。但是在上来3个菜之后，全陪小刘发现，怎么过了十多分钟下一道菜还没有上来呢。经了解原来是这个招待所里来领导用餐了，厨师们现在正在为领导做菜。这忽然间的变化，让从台湾到大陆旅游的游客看不过去，他们认为，领导有什么特权啊！凡事也应该讲先来后到。在大家的争论声中，领队对大家说："这也太不讲礼貌了，我们的菜连一半还没有上齐，就没有人管了，我建议大家一起到里面和'领导'对话。"

这时，旅游团的游客意见非常一致，对着在单间里面用餐的领导就喊，"如果我们团的五个菜再不上来，领导你也别吃饭了。"在里面用餐的领导，真不太清楚发生了什么事情，和服务员一了解，才知道是自己的特殊身份让台湾的客人比较生气。这位领导马上走进厨房对工作人员讲，按规矩办事，不能有什么特例，我们来得晚，你们该怎么办就怎么办，不要让台湾游客留下不好的印象。出来后，这位领导还亲自向台湾客人赔礼道歉。

案例分析

领队在纠纷的处理中，将客人利益放在首位，为客人争取权益是对的，但其方法不太合适。首先不应该让客人参与交涉；其次，应控制自己的情绪和言行，不应激化矛盾；再次，全陪在整个事件发生过程中，应起到主要的沟通和协调作用。

在本例中，游客和领队出现的反应，是因为他们感觉自己没有受到别人的重视，"领导"享有了特权。如全陪能够讲明情况，起到应有的作用，相信问题一定会更好地被解决。

案例详解

游客在突发事件出现时的反应是多种多样的，导游员要灵活地处理好这些突发情况，这不仅是对导游人员处理问题的能力的一个考验，而且也是对导游人员服务水平的一种检验。

导游人员对游客提出的个别要求，不管其难易度如何也不管其合理与否，都应给予足够的重视，并及时、合情合理地予以处理，使得到满足的游客高高兴兴，使没有得到满足的游客也对导游人员的努力表示理解，使那些爱挑别的游客也无可非议。为此，导游人员在处理游客个别要求时，不仅要注意处理的方式、方法和技巧，而且也要遵循一些必要的原则，在处理时保持头脑清醒，处置有度，方法恰当。

13 是谁在敲门

案例介绍

王老师和自己的老伴参加了“华东五市＋黄山八日游”的旅游团，在第五天晚上欣赏完美丽的上海外滩美景后，由地接导游安排，住到了外滩附近的一家三星级宾馆里。

第二天一早，全陪小李收拾好行李，到一楼餐厅用早餐，远远就看见王老师夫妻二人坐在了走廊的沙发上，一脸怨气。小李问道：“王老师，起来这么早啊！走，到餐厅用早饭去！”此时，王老师冷笑道：“我可吃不下，我不是起得早，是一夜没睡！”原来，王老师和老伴拿到房间钥匙后，到了自己的房间休息，在凌晨两点的时候，王老师感觉到好像有人在敲门，“这么晚？不会是坏人吧？”当老伴打开房门发现并没有人，老两口重新躺了下来。过了一会儿，王老师听到在房间里好像又有声音，仔细一听像是塑料袋发出声响。老伴打开了床头灯，寻声过去一看，在装着小食品的塑料袋里，竟然是只老鼠，给小外孙买的上海糕点被老鼠咬得面目全非。

接下来，王老师立刻给前台服务员打了电话，要求调换房间，服务员马上进行了更换。不过同样的事情，又再次发生在这个新房间里，气得说不出话的老伴，干脆把行李都拿了出来，在大厅的沙发上一直坐到天亮。于是，就发生了前面的一幕。

全陪小李立即和前台服务员反映情况，要求对游客进行赔偿，并且退还夫妻二人的房费。此时，地陪也来到了前台，通过两位导游的努力，房费退了回来，但是，老人却因为一晚的“折腾”显得疲惫不堪。

案例分析

王老师的房间里出现老鼠，前台服务人员对房间进行了更换，以上程序都没有不妥当之处。但是，重新换房后，又出现了“老鼠敲门”的情况，使老夫妇二人无法容忍。虽然，全陪和地陪导游能在退还房费问题上保持一致，保障了游客的利益，然而，一夜无眠却让王老师夫妇对旅行社的安排大为不满。

导游员在带团过程中，应尽量热情周到、耐心地去设法解决旅游者在各个方面提出的要求，为了避免一些意外情况的出现，地陪和全陪对游客所下榻的宾馆应进行检查，对卫生情况、房内设施、卫生间清洁程度等方面做到心中有数，出现问题要及时与宾馆沟通，使游客在一天的旅程结束后，能够在舒适、卫生、安全的房间里得到充分的休息。

案例详解

住宿条件对于旅游团队的出行是十分重要的，当经历了疲倦旅途的游客回到下榻的宾馆时，心里渴望着能够在卫生和舒适的房间里好好调整和休息。不过，旅途中不一定处处尽如人意，在住宿时，可能会遇到各种各样的问题。出现问题时，导游要及时妥善地帮助游客解决问题。

（1）团队游客到一地旅游时，享受什么星级的住房在旅游协议书中有明确规定，甚至在什么城市下榻于哪家饭店都写得清清楚楚。所以，接待方旅行社向旅游团提供的客房即使符合标准，但若用同星级的其他饭店替代协议中标明的饭店，游客也会不满意。若提供的客房低于标准，游客更会有意见，旅行社必须负责予以调换，确有困难须说明原因，并提出补偿条件。

(2) 住双人间的游客要求住单人间，如饭店有空房可予以满足，但房费自理。同屋游客因闹矛盾或生活习惯不同而要求住单人间时，导游人员应请领队调解或在内部调配；若调解、调配不成，饭店有空房可以满足其要求，但导游人员须事先说明房费由游客自理（一般谁提出住单人间谁付房费）。

(3) 如卫生条件不佳，有不干净等情况出现，导游人员要马上与客房服务人员或前厅人员进行沟通，给予调换或者立即清扫。

14 “浪漫之旅”

案例介绍

“喜洋洋”旅行社在十一黄金周期间与当地知名影楼联合组织了“海岛蜜月浪漫之旅”8日游。在行程中，除了安排拍摄婚纱照外，还有一些日程是去景点参观游览。本次活动旅行社安排了一位全程陪同导游小米为大家提供全程的服务。小米和大家相处得非常融洽，在与情侣们聊天的时候，小米发现大家对她的职业非常羡慕，就十分无奈地向大家讲述了自己5年的导游“生涯”。在一番苦水之后，小米笑呵呵地对大家说：“咱们这一团，是《中华人民共和国旅游法》在2013年10月1日执行以来，我的第一个旅游团，带这个团我再也没有经济压力了，和大家聊天都特别的轻松。

案例分析

本案例发生在2013年10月1日《中华人民共和国旅游法》实施之后，全陪导游小米带领着游客们的“浪漫之旅”对她而言可以说是一次“轻松之旅”，因为新出台的《中华人民共和国旅游法》中的相关条款让她的工作不再“复杂”。

第三十八条：旅行社应当与其聘用的导游依法订立劳动合同，支付劳动报酬，缴纳社会保险费用。旅行社安排导游为团队旅游提供服务的，不得要求导游垫付或者向导游收取任何费用。

第四十一条：导游和领队应当严格执行旅行社行程安排，不得擅自变更或中止服务，不得向旅游者索取小费，不得诱导、欺骗、强迫或者变相强迫旅游者购物或者参加另行付费旅游项目。

第一百零三条：违反本法规定被吊销导游证、领队证的导游、领队和受到吊销旅行社业务经营许可证处罚的旅行社的有关管理人员，自处罚之日起未逾三年的，不得重新申请导游证、领队证或者从事旅行社业务。

案例详解

导游员在旅游团队接待过程中一直被视为团队服务质量好坏的关键。旅行社各个部门在团队接待前做的所有工作，都会在导游服务中体现出来。近些年来，社会上更多的焦点是导游员服务质量不高、欺骗游客、被客人投诉，但是，却很少有人关注这支队伍是如何生存下来的。究其根源，除了有导游个人职业道德上的问题外，还有导游的薪酬体制问题，一些旅行社不给导游员底薪，使得导游没有生活保障，只能向旅行社“买团”，向购物店收取“回扣”。在《中华人民共和国旅游法》中提出的给予导游提供报酬和相关福利的规定让导游从业人员看到了希望，正如本案例中小米的感受一样，没有了经济压力从来没有像这次的出团一样放松。

15 天气变化后

案例介绍

王先生和一些好朋友组织了一个由20人组成，赴吉林省长白山的旅游团，某旅行社委派导游小甘作为全程导游随团服务（也担当地陪，旅行社为了减少地接费用，要求全陪双肩挑）。

在旅游团将要去天池参观的前一天晚上，一位游客问，登长白山天池是否要多添衣服，以免天气变化。小甘根据最近长白山的天气情况和自己多次在这个季节上天池的经验，告诉游客们："不必多添衣服，以便轻装上山。"翌日，该团游客在小甘引导下来到了天池。不料，天气突然变化，天降大雪，气温骤然下降，小甘急忙引导大家下山，但由于有些客人未带衣帽围巾等御寒之物，致使不少人耳、鼻及手脚严重冻伤。其中两人经医院诊断为重度冻伤。为此，该团游客投诉导游小甘，要求小甘承担医治冻伤等费用，并赔偿因此造成的损失。小甘所属的旅行社接到此投诉后，认为此次冻伤事故是由于小甘工作失误所致，责令其自行处理游客投诉，旅行社不承担任何责任；小甘本人则认为此起冻伤事故是由于天气突然变化所致，是出乎意料的事情，与其无关，不应由其承担责任。

案例分析

依据《导游人员管理条例》规定，导游人员是受旅行社委派，为旅游者提供向导、讲解及相关旅游服务的人员。小甘既然是受旅行社的委派，旅行社就要对其工作人员承担责任，因此旅行社不能让小甘自行处理此项投诉，旅行社应承担相应的法律责任。

此外，导游人员在引导旅游者旅行、游览过程中，应当就可能发生危及旅游者人身、财物安全的情况，向旅游者作出真实说明和明确警示，并按照旅行社的要求采取防止危害发生的措施。小甘作为此条线路多次带团的导游，应当预见到长白山气候多变，一年四季多雨雪、多雾、多大风，气候变化十分显著，他应当提醒游客多添衣服，但小甘却没有让旅客多添衣服，以致造成冻伤事故，所以，小甘认为冻伤事故与其无关的说法不正确。依照《旅行社管理条例》及《导游人员管理条例》的规定，导游员和旅行社都要承担相应的责任。

案例详解

随着冰雪观光团的增多，导游应注意掌握防冻的常识，尽量避免游客被冻伤，正确的预防措施是：

（1）提醒游客不要顶着饥饿在寒冷的野外旅行。

（2）了解目的地的天气情况，提醒游客做好防寒措施。

（3）提醒游客可以适当喝点烈酒来抵御寒冷。

（4）提醒游客要用温水泡脚，换好鞋袜，注意身体保暖。

16 黄金周里的波折

案例介绍

“阳光集团”年度先进员工表彰大会结束了，让大家意外惊喜的是，今年工会的“奖品”为“海陆空山东半岛六日游”。33名被奖励的员工满怀欣喜地等待行程的开始。

由于出游的日期是在十一黄金周，游客出现“井喷”式的增长，车辆、住宿、餐饮都是个难题，为了更好地照顾游客，旅行社指派了一名全陪导游赵小敏进行全程陪同。33位员工在全陪导游小赵的带领下乘飞机前往青岛，当飞机落地时，热情的山东小伙子——地接导游小贺高举接站牌迎候远方到来的贵宾。

“红瓦绿树，碧海蓝天”，美丽的青岛给大家留下了深刻的印象，前四天的旅程非常顺利，大家游玩也十分尽性。意外突然在第五天发生了，地接导游小贺对游客们说：“你们的全陪跑了，组团社没给我们一分钱，晚饭后请你们尽快联系旅行社督促交款，否则明天的行程无法进行。”所有的游客被突然的变化弄得一头雾水，此时全陪赵小敏的电话已经关机。无助的游客马上打回公司，与工会负责人取得了联络，远在家乡的“阳光集团”工会主席气愤地与组团社取得了联系。

原来，组团社没有向地接社结清团款。组团社当时承诺团款由全陪带到山东，但是，当地陪向全陪赵小敏索要地接团款时，赵小敏却“一无所知”，地接社多次找赵小敏“沟通”团款的事情，压力太大的小敏不知道怎么办才好，选择了“离开”。

全陪不负责的离开让团友们非常气愤。最后，“阳光集团”与组团社进行协商，组团社同意马上支付团款，使得后续的行程得以顺利进行。

案例分析

本案例因旅行社结算不及时导致旅游过程中出现纠纷。本案例中的全陪导游如“昙花”一样，短暂的出现，便消失不见，留下33名游客面对地陪导游催款，致使游客不满、投诉。

在激烈的旅游市场竞争中，许多旅行社为了争夺市场总是想尽一切办法吸引客源，而一旦在接待服务中出现问题，导游员作为接待任务的执行者，往往成为纠纷事件的责任者和被投诉对象。在这一现象的背后，导游员更多的是对旅行社的期待。旅行社应该对导游承担起最基本的保护和尊重，毕竟导游员是在对客服务的第一线，旅行社一定要明确其职责和工作性质，不能使导游员陷入尴尬境地，进退两难。当然，导游人员在处理问题过程中，态度上的不诚恳、不礼貌、不负责任，采取消失甩团的方式，让客人十分不满，感觉旅行社和导游一同在侵犯游客的权益。

案例详解

在旅游活动中，导游工作是各项旅游服务的联系纽带和中间桥梁，而导游员也是旅行社与旅游者之间、旅行社与其他旅游企业之间的联络员，在旅游服务各环节之间相互协作、顾全大局方面，在沟通上下、左右、内外的关系方面，导游员的作用举足轻重，具体表现在：

一、承上启下

导游员是代表旅行社执行旅游计划，为旅游者安排、落实食、住、行、游、购、娱等各项服务，并处理旅游期间出现的各种问题。同时，旅游者的意见、要求、建议乃至投诉，其他旅游服务部门在接待工作中出现的问题及他们的建议和要求，--般也通过导游员向旅行社转递。

二、连接内外

导游员既代表接待旅行社的利益，履行合同、落实旅游计划，又肩负着维护旅游者合法权益的责任，他代表旅游者与各有关部门进行交涉，提出合理要求，对违反合同的行为进行干预，为旅游者争取应该享受的正当权益。

三、协调左右

旅游服务与其他社会服务有着密不可分的联系，而旅游服务的各组成部门，即各个不同系列的服务在实施过程中又是相互渗透、相互作用、相互联系、相互合作的。

由此可见，导游人员的工作是复杂的，这份工作需要更多的人来认知，也希望有更多的旅游者能够对这一职业多些尊重。同样，导游员自身也应逐渐完善，通过双向努力，减少因沟通不利造成的隔阂和不信任。

17 全陪也没有特权

案例介绍

春天到了，到华东旅游的客人越来越多，在黄山景区门口，地陪导游小张按旅游接待计划购票，“全陪导游”兰兰却没有导游证。原来兰兰是在旅行社做计调工作，因为工作表现不错，公司奖励她出来转转。兰兰对景区门票管理人员说明身份，自己是全陪。管理人员照章行事坚决要求全陪出示证件，但全陪执意拒绝，理由是：从来没有碰到过要全陪买门票的。双方你来我往，时间也因此被耽搁了二十多分钟。

案例分析

依照《导游人员管理暂行规定》中第十四条规定：带团时，导游员必须佩戴胸卡并携带导游人员资格证书。作为组团社委派的全陪导游兰兰，应该完全明白无证导游不能上岗的规定，然而这家旅行社却以奖励计调的名义，让无证人员担任全陪，这样做显然违背了国家的有关法规条文。

作为黄山景区管理部门要求全陪出示证件，在全陪没有证件的情况下要求其购买门票属于正常工作。全陪拒绝补买门票影响旅游团正常游览，这样做实在不应该。作为“全陪”，碰到此类事件时，应当识大局，不该出现耽搁时间的现象。

案例详解

全陪导游是负责按照合同约定实施组团旅行社的接待计划，监督各地接待社的履约情况和接待质量，负责旅游活动过程中与旅行社的联络，做好各站衔接工作，协调处理旅游活动中的问题，保障旅游团（者）的安全的导游。目前，许多旅行社为了节约成本，组团游览不再派全陪参与行程。只有个别旅游团队有特殊要求或某些特殊情况下才会派出全陪随团。

全陪导游人员根据各个旅游景区的具体规定，要出具旅游团接待计划、隶属于组团城市的导游IC卡，经过核对后方可免费进入景区参观。旅行社业务操作部门要严格执行和配合各个旅游相关单位的政策和制度，以免造成不必要的问题纠纷。

18 是谁弄没了我的证件

案例介绍

泰国游客要离开北京了，一直陪同游客8天的全陪纪梅，正在北京国际机场帮助客人们办理登机手续，由于时间有点紧张，纪梅匆匆地向游客收取护照，办理完登机手续后，随手将护照递给了领队，请领队代自己向游客分发登机卡和护照，并让大家核对登机牌上的名字是否正确。可是，意外发生了，一位先生没有拿到护照，只有登机牌，马上要登机了，护照去哪儿了呢？该怎么处理呢？

案例分析

本案例中，全陪纪梅收取客人证件办理登机牌时，应由领队收齐交给全陪，等办完后，也应该及时清点完毕后，再交给领队发放给客人。

如果护照不见了，应从以下几方面着手处理：

（1）全陪先回到办理登机牌的柜台询问是否有遗落下的证件。

（2）帮助游客回忆护照是否发还给他。

（3）与领队沟通，以求分清责任。

（4）发动游客一同协助寻找护照。

（5）确定护照丢失，地方接待旅行社要开具遗失护照证明。

（6）失主持旅行社证明到当地公安局挂失并开具遗失证明。

（7）失主持公安局的遗失证明到其所在国驻华使、领馆申请领取新护照或临时证件。

（8）领到新证件后要到我国省、市、自治区级公安局或其派出机构办理签证手续。

（9）费用问题待分清责任后处理。

案例详解

一、护照的种类

中华人民共和国护照是中国政府发给中国公民，供其出入国（境）和在国（境）外旅行或居留时证明其国籍和身份的证件。中华人民共和国护照分为外交护照、公务护照、普通护照和特区护照。公务护照又分为公务护照和公务普通护照。特区护照分为香港特别行政区护照和澳门特别行政区护照。

外交护照、公务护照和公务普通护照统称为“因公护照”。

二、护照的有效期限

外交护照和公务护照有效期最长不超过5年，普通护照有效期最长不超过10年，期满后换发新照。香港特区护照的有效期一般为10年，签发给16周岁以下儿童的护照有效期为5年。澳门特区护照有效期一般为10年，签发给18周岁以下儿童的护照有效期为5年。

19 相煎何太急

案例介绍

童方刚从旅游院校毕业，带团经验还不算丰富，旅游旺季的时候，他出任全陪带一个16人的旅游团去华山。

一路疲惫终于来到了酒店入住，可是，没有想到的是，酒店前台服务人员对地陪说：“对不起，今晚饭店客房非常紧张，原订的8间客房只能给7间，有2个游客要睡加床，但明天就可以给8间客房。”

童方是个急性子，这种情况又是第一次碰到，当确知饭店已不可能提供客房后，他生气地对地陪说：“你们什么旅行社啊，能不能接团啊！”地陪导游连说对不起，但是，话不投机，就来了一句：“我们没能力拿房，团你自己带吧！”说完，地陪生气地坐到了沙发上。

游客们看到两个年纪不大的导游因为房间的问题争吵了起来，一位先生当起了“调解员”，并且非常主动地带着自己的儿子睡加床。问题解决了，两个本应合作的“导游”，脸都红了。

案例分析

全陪导游和地陪导游是一个小集体，只有“协作共事”，才能摆脱困难，完成共同的任务。全陪导游童方应紧密配合，商量出问题的解决方法。应该说，游客给地陪和全陪上了一课。埋怨、赌气不但无济于事情的解决，反而会加剧双方的矛盾，这种做法是绝对不可取的。全陪导游员在行程中要为游客服务好，解决在“食、住、行、游、购、娱”等方面的需求，起到沟通和协调、承上启下的作用，但是，童方没有把握好分寸和尺度，本来是地接社安排不利导致的问题，最后却因自己不善于沟通和协调，让游客留下不好的印象。因此，全陪导游要克服情绪因素给带团带来的不利影响。

案例详解

全陪导游和地陪导游做好配合工作，是预防和应对突发事件的必要条件，遇到紧急情况，既要“大胆”决策，又要“细心”处理，做好合作和沟通，而不能互相拆台。

第一，出团前，全陪要向地陪导游了解当地近期天气和游览时应注意的情况，并及时通知游客做好相关准备。老年人或儿童游客比较多的团队，尤其要多加注意。

第二，如果遇到棘手的问题，则要与地陪、司机等密切配合，商量应对方案。

第三，如有必要和可能，及时调整行程，并要和地陪导游共同做好游客的安抚工作，防止意外事件造成游客情绪激动等情况。

20 携夫出游的全陪

案例介绍

刚刚新婚不久的导游小夏到北京带团，于是，她计划着让自己的丈夫以游客的身份到旅行社报名，这样小夫妻两人就可以一同到北京游玩了。这样，自己以全陪的身份出现还可以省掉一部分开销。如意算盘打好后的小夏，将一切手续办好之后，并没有向旅行社讲清情况，就和自己的丈夫及旅游团的团队踏上了开往北京的火车。

新婚的甜蜜让许多团友感觉到了全陪和这位男游客的特殊关系。在游览故宫博物院时，一位游客因没有跟着地陪走，逐渐与团队走散，另一游客发现后，马上告知全陪小夏，刚开始小夏和丈夫还是走走停停。后来，小夏只顾与丈夫游玩，未予理睬。集合时间到了，仍未见那位走散游客的踪影。而小夏在出口神武门等了片刻，未采取任何补救措施，即与丈夫一起跟团队到下一景点游览。直到晚饭时，在其他游客的催促下才打电话回酒店查询，但是全陪却没有记清这位游客的房间号码，而未能联络上。

游客走失后，在警察帮助下回到酒店，因一直未能与团队联络上，这位客人损失了一天的游览，少了两顿正餐。在随后行程中，全陪小夏因分配火车铺位等问题多次与客人发生争执，客人愈加不满，指责她不负责任。回到旅行社后，旅行社得知了此行中所出现的问题后，做出以下决定：小夏向客人书面道歉，退还走失游客一天的导游服务费的2倍，并退还少游的景点门票及两顿正餐共计 108 元。

案例分析

很明显，小夏将自己的丈夫安排在旅游团中，并且没有向旅行社报告，属于“以公谋私”行为。此行为不仅仅使游客在旅游活动过程中没有受到公平的待遇，也间接导致一位游客走失。另外，在游客走失时，小夏不是积极而努力地进行寻找，相反，她和其他游客继续参观和游览，没有采取任何的补救、寻找措施。当其他游客催促时，作为一名全程陪同导游人员，小夏连游客所住房间号码也不清楚，再次说明了小夏在工作过程中的失职。因而，旅行社对小夏的处罚是合情合理的，小夏应该为其失职而承担相应的责任。

案例详解

我国《导游服务规范》中明确地指出：游览过程中，全陪要认真观察周围的环境，密切注意旅游者的动向，避免旅游者走失和发生意外。小夏就没有符合这项要求。目前，我国的导游人员队伍在日益壮大，年轻人成为这一行业的生力军，许多导游都可能会有本案例中导游小夏一样的想法。从原则上来讲，这种做法是不可取的，这不仅对导游员的工作不利，同时，也容易让游客产生一种误会。因而，解决好旅游活动中个人利益与集体利益的关系，按接团要求和规范来带团，是每个导游员最基本的职业操守。

景点景区导游篇

景点景区导游人员，是指在旅游景点景区的范围内为旅游者提供向导、讲解服务的人员。我国是一个幅员辽阔、旅游资源极为丰富的国家，各地都分布着规模不等、特色各具、风情各异的旅游景点和旅游景区。在我国的旅游者中，既有本国旅游者，又有海外旅游者，既有旅行社组织的团体旅游者，也有自助旅游的零散旅游者。随着旅游人数日益增多，景点景区导游人员现已成为我国导游队伍的一个重要组成部分。

01 讲解不规范，武侯祠让导游“闭嘴”

案例介绍

成都武侯祠博物馆的一纸通知引发了导游“闭嘴”之争。提及事情的起因，武侯祠方面认为，作为博大精深的三国文化的代表，武侯祠有义务为游客提供专业化的讲解，避免大量导游由于知识结构的限制“讲不好”武侯祠。在旅游行业内的确存在着这样一个现象，一些导游员不懂装懂，滥竽充数。通过长期的观察，才有了请导游“闭嘴”这一说法。

此事公之于众后，一些旅行社认为：“武侯祠的做法严重挫伤了导游的自信和尊严。导游资格由国家认证，作为一个景点无权要求导游闭嘴。专业人员的讲解固然专业、准确，但游客能否接受，决不仅是知识掌握的问题，还应该考虑游客工作背景、文化层次的差异。深入浅出，用生动活泼的语言传播文化，营造轻松愉快的游览氛围，才是最重要的。即使说导游讲不好，武侯祠也有义务提供培训，提高导游业务水平，岂能一意孤行，搞行业垄断？”

另外，按照导游员带团规定，带团期间，导游不得擅自离开团队，但武侯祠却劝请领队、导游在接待室休息，由馆内讲解员带团参观。一个突出的问题是：如果在导游离岗这段时间出现问题，责任由谁承担？

问题被提出来以后，许多业内的人士都在讨论，这是旅游行为的一种进步，还是一种后退。说其进步，是考虑到景点能真正从游客的切身利益去考虑，本着对游客负责的精神进行景区管理的改革，这是件好事。从另一角度来看，让导游员失去“讲解”的权利，而成为单一的“服务者”是不是对所有来此带团的导游的一种否定呢？

案例分析

一些导游员对景区内容的讲解随意性很强，甚至会宣讲封建迷信、庸俗有害的内容。作为文化传播的使者，导游解说词一定要科学准确、丰富生动、富有文化内涵，符合提升旅游文明素质的要求，注重知识性和趣味性。本案例中，武侯祠景区针对景区实际情况，从管理上严格规范社会导游，并重点加强本景区讲解员的讲解质量，要求针对性、个性化讲解，通过服务质量和效果的提升来强化景区接待，收效显著。

案例详解

我国导游服务人员的岗位职责要求：导游人员应负责向旅游者导游、讲解，介绍中国文化和旅游资源。在本案例中，成都武侯祠博物馆却将导游员的讲解权利给禁锢了，究其原因，是因为目前社会上存在着许多导游员，讲解随心所欲，措辞不当，漏洞百出，严重损害了导游员这一形象。谈到武侯祠博物馆的做法，其实也可谓是“用心良苦”。为了保证中国悠久的历史文化不被歪传，从客观和公正的角度予以诠释，武侯祠博物馆敢于打破传统，实行新制，为规范博物馆讲解打下了良好的基础。虽然，博物馆的这一做法，将旅行社的利益及一些导游人员的讲解权利给“剥夺”了，但是，这种做法也在警示导游员要加强自身素质和修养，对语言和讲解进行规范，符合对导游人员讲解能力的要求。

景区导游人员的活动区域局限性比较强，走同样线路说同样的话，这就对他们的工作提出了更高的要求。我国类似武侯祠博物馆的景区还有很多，希望来这里的导游“闭嘴”之争只是一个开始，而在这种压力之下，导游员应不断加强自身文化素质及综合能力的培养，使这一现象也到此结束。

02 景区导游无 IC 卡不准上岗

案例介绍

湖北宜昌市将加大景区导游队伍管理，对全市近 300 名景区导游进行统一培训、统一考核，对考试合格者颁发景区 IC 卡导游证，今后景区导游员必须持证上岗。

据了解，一些景区导游存在解说内容不清楚，方言解说等不规范现象，影响到了当地旅游业的整体形象。为了提高景区导游素质，对培训合格的景区讲解员，由湖北省旅游局统一颁发景区 IC 卡导游证，以后景区导游无 IC 卡一律不得上岗。鼓励“十强、十佳”旅行社开展各种培训活动，以提高景区导游的综合素质。

案例分析

导游 IC 卡相当于导游的电子身份证，一般游客可从上面了解到导游的姓名、性别、年龄、导游等级、语种等相关内容。各地旅游管理部门可以通过 IC 卡管理系统，看到导游的简历、业务经历、工作单位、出生年月、联系电话等各方面的详细情况，甚至还包括导游违规违纪情况。管理单位每年 3 月要对导游 IC 卡进行年审。这种管理方式有助于监督规范导游工作。

案例详解

为规范导游队伍，国家旅游局从2002年4月1日开始在全国范围内推行导游计分制管理制度，以新的IC卡导游证代替原有纸卡式导游证。新版导游证里储存导游等级、编号、姓名、语种各种基本信息和违规计分情况，背面设有防伪芯片，并印有卡号，旅游行政监察人员手持读卡机便可对导游进行真假鉴别。

湖北加大了景区导游人员管理的力度，通常情况下，景区导游人员只在固定景点进行导游服务，获得景区讲解资格即可，湖北对全体景区讲解人员提出了全员要获得IC卡，即全国导游人员资格，力求在景区导游员的综合素质、语言规范方面做得更好。

03 曲阜三孔景区讲解将不再使用扩音器材

案例介绍

近期，在曲阜孔子旅游（集团）导游有限公司举办的争做“彬彬有礼诚实守信”导游员宣誓承诺仪式上，山东省曲阜市300多名导游承诺：在景区讲解时，将不再使用扩音器材，以免有损圣地庄严之气。

据悉，仪式中导游们郑重宣誓：要“彬彬有礼，文明待客；诚实守信，规范服务；提升素质，倡树新风”，承诺不在景区内使用手持小喇叭、麦克风等扩音器材，保持三孔景区庄重肃静的氛围，提升游客在文化圣地的体验质量。

仪式上，山东省曲阜市旅游局还向导游服务质量社会监督员颁发了聘书，导游员将自觉接受旅游主管部门和广大游客的监督。

案例分析

景区讲解员在工作时由于用嗓过度，常常会出现咽部不适等现象，为了缓解身体不适、使参观游客听得更加清晰，一些景区讲解员就利用腰包话筒或者扩音器材。但是，问题也随之而来，旅游旺季，在游客较多的情况下，讲解的声音从扩音器材里传出后，显得过于嘈杂和喧嚣。

三孔提出“不再使用扩音器材”的倡议非常有代表性，这对净化参观环境起到了很好的促进作用。取消了扩音器，讲解员可以根据游客多少、讲解场合和地点来确定音量。游客较多时，声音适当大些；游客较少时，可适当降低音量。室外讲解时，音量要大些；室内讲解则应小些。需要注意的是，讲解员要站在游客围成的扇面中心，这样有利于声音传播，使客人都能听到讲解员的讲解，讲解员也能听清客人的议论和问题。

案例详解

为了维护景区的游览秩序，保障团队游客和其他游客的游览质量，我国一些地区均提出禁止旅游景区内使用手持小喇叭、麦克风等易对周围环境造成干扰的扩音器材进行导游和讲解服务的建议或规定。

如果景区内很多团队在一起使用扩音器讲解时很容易互相干扰，大家都听不清讲解。建议旅行社如果接待50人左右的大团队且需要景点讲解时，可以先在旅游大巴上把应介绍的景点详细讲解，到达景点后就不需要再用扩音器进行讲解，或者在部分有条件的景点使用语音导览器。

我国目前对国家A级旅游景区进行验收时，旅游环境也被列为考核的一项指标，所以，一些条件尚好的景区，均开始使用语音导览器或其他非扩音的方式，以达到游客最佳收听的效果。各地旅行社、旅游景区也可结合自身实际情况，逐步配备国际通行的无线团队非扩音讲解器，为游客提供更大的方便。

04 最牛团长夫人

案例介绍

19岁的讲解员带领着游客在莫高窟最为著名也是最为拥挤的藏经洞进行讲解，一位50岁上下的中年妇女，在伸手触摸1000年前的西夏壁画时，被女讲解员制止，该妇人顿时大怒，拂袖而去。不料该妇人顷刻即回，身后簇拥两名壮汉径直走向了那位“斗胆”说了“不要触摸壁画”的讲解员。顿时两记耳光响彻洞窟，伴随着耳光的是她那不堪入耳的污言秽语。

当保安人员到来，目击证人出现时，原以为来道歉的女人，从车上下来，毫无愧色、面带笑容，昂首阔步走入会议室，在近百名讲解员的注视下，面对受辱讲解员委屈的泪水，她也只是几句敷衍之词，草草了事。

事发后，在天涯等知名网络社区，一篇题为《打向莫高窟讲解员的两记耳光——史上“最牛”的团长夫人莫高窟前丑陋一幕现形记》的帖子引起网友关注，点击量多达347 275人次，网友评论1622条。该帖披露，打人的妇女是新疆建设兵团某团副团长的配偶，时任某团医院党支部书记。一周后，当事人夫妇双双被免职，景区管理者对处理结果表示满意，同时也提到网上帖文反映的信息是真实的，打人者也给被打的景区员工道歉了，并且也受到了公安部门的相应处罚，事后景区还对被打员工进行了心理上的安慰。

案例分析

景区讲解员在本职工作岗位上，为了维护国家文物向游客提示游览规则，本属于正常工作职责，但却被游客以“掌掴”相还，事件升级，网民要求了解真相，这种合理诉求也得到了有关部门快速响应，事件得到了圆满解决。

让出行的游客自觉爱护景区的一草一木，使每位游客都能“文明”起来，这是一项长期的工程，不仅需要家庭、学校、社会共同营造良好的环境，更需要公民提升自身修养和综合质素，通过形式多样的宣传教育，倡导文明出行，使保护文物和环境深入人心，使公民能自觉纠正不文明行为，制止身边的不文明现象发生，为共同维护文物和环境而努力。

案例详解

为了避免以上现象的出现，对一些特殊的景区来讲，建议：

(1) 可以在景区入口处设置参观须知，通过普及参观中的注意事项来避免突发事件的产生。

(2) 设置说明牌，或用隔离带将展区与活动区域隔离，请观众理解并积极配合。

(3) 景区讲解员应该了解部分景区展品不能随意触摸或攀爬的原因。比如，部分景区对温湿度有较高要求，触摸展品使汗液滞留在文物展品表面，易使这些文物发生相应变化，不利于它们的展出和保存。

通过细节的服务让游客能够理解不允许触摸文物的原因，既有利于客我关系的改善，也有利于做好景区参观环境的管理。

05 难忘的第一次讲解

案例介绍

一位刚参加景点讲解工作的年轻姑娘，第一次接待游客进行讲解时，显得很紧张，在景区大巴车上，她想对游客讲几句客套话，没想到却更加紧张，额上的汗珠都冒了出来。刚想用手帕擦脸，说来也巧，车子来了个急转弯，女讲解员没防备，一个趔趄，差点趴到游客的身上。天啊！多么可怕的第一次讲解啊！出尽洋相，出尽了丑！

案例分析

很多景区讲解员的表达水平不尽如人意，有的如文中的小姑娘一样当众讲解就紧张恐惧，心跳加速，语无伦次，手足无措；有的讲解思路不清，内容空洞，游客听起来云山雾罩的；有的讲解千篇一律，枯燥乏味，缺少激情和感染力，听众不耐烦。

案例详解

新讲解员如何克服首次带团面临的诸多问题呢？可以从以下三个方面入手：

一是心态：如果你是一位新人，每一次带团都要有一个充分的准备：提前熟悉景点和参观路线；讲解词要熟记于胸；了解游客的大致情况和旅游需求；调整好身体和情绪，使之保持在最佳状态。

二是知识：成功的讲解不仅能使游客得到美景的享受，而且能够给游客传递丰富的知识，包括景点的建造、形成与历史等，涉及从神话到现实，从历史到眼前，从自然到社会，从诗词歌赋到宗教建筑。这些知识一方面可以满足游客的求知欲望，一方面可以刺激他们的好奇心，凡是珍闻奇录、传奇传说、不解之谜都能使他们饶有兴趣。需要注意的是，所涉及的知识信息一定要以轻松活泼的形式传递给游客，而不是枯燥的讲解。所以可以适当穿插一些笑话、幽默故事，以增添游客的兴致。这就需要我们的讲解员平时要多下工夫，多学习，拓展自己的知识面，提高个人素质。

三是技巧：在讲解中，内容要有知识性；声音要有变化，抑扬顿挫有感染力；注意肢体语言的巧妙运用。

06 景区安全不容小视

案例介绍

自2013年开始，长白山景区讲解员在旅游车上增添一段特别的讲解词：

长白山国家级自然保护区是我国建立较早，地位十分重要的自然保护区之一，区内森林生态系统完整，动植物资源丰富，是欧亚大陆北半部最具有代表性的典型自然综合体，是世界少有的“物种基因库”，是松花江、鸭绿江和图们江三江发源地，是东北地区重要的生态屏障。

（1）禁止一切户外运动爱好者组织和发起进入长白山保护区开展登山穿

越活动，对违反规定擅自进入保护区开展登山穿越活动的单位或个人，长白山自然保护管理中心将按照《中华人民共和国自然保护区条例》第34条第2款规定予以上限处罚，造成资源严重破坏的交由公安机关追究刑事责任。

（2）持门票入区的旅游人员须在指定线路内开展旅游活动，并服从工作人员的监督管理，严禁越线路旅游。因超越旅游线路开展活动造成自然资源破坏的，依据《中华人民共和国自然保护区条例》第35条的规定，处300元以上10 000元以下罚款。对自然资源造成严重破坏的，由公安机关追究其法律责任。

（3）对因非法进入保护区开展登山穿越活动和越线旅游造成人身伤亡等事故的，以及因此发生的野外救援等一切费用，全部由责任人承担。

案例分析

近年来，随着户外运动的蓬勃发展，长白山成为了部分登山探险爱好者情有独钟的穿越热线，这种非法登山穿越活动不但会对保护区高山冻原植被造成严重破坏、极大增加森林火险隐患，而且保护区内险要的地势环境和一天多变的极端天气将使登山人员面临极大的安全威胁。为确保长白山保护区脆弱而珍稀的自然植被免遭破坏，限制人为活动对生态环境造成的不利影响，长白山景区公司根据《中华人民共和国自然保护区条例》《森林和野生动物类型自然保护区管理办法》《吉林长白山国家级自然保护区管理条例》的有关规定，贴出了一项公告，并要求景区讲解员必须对游客们进行安全提示。

即使如此，每年都会有不少游客不按线路参观游览，私自越线穿越，导致救援困难重重，障碍多多，景区投入人力、物力、财力，却无法挽救游客的生命。因此，讲解人员在行程开始前的温馨提示尤为重要，不容小视。

案例详解

近年来，参与登山等户外运动的人越来越多，各种险情也随之产生，登山攀岩等运动的伤亡人数呈逐年上升的趋势。户外运动不是一个单独的体育项目，而是以大自然为场地的一系列体育运动的集合，包括登山、徒步、溯溪等。

发达国家对户外运动少有全国性、行业性的管理规章，多是采取区域性的管理体制。比如把某块区域划定为国家公园，然后由公园依据自身情况、因地制宜地制定区域管理规定。而按照我国现行的管理模式，山林是由林业、旅游等部门多头管理，一旦出现问题就存在管理责任不清、处罚主体不明的情况。

对管理部门而言，主要负责对“驴友”的行走路线、人数、所需时间等进行登记与核查，以便确定行程是否符合景区的相关规定。希望行业出台相关的管理政策，对规范景区环境可以起到促进作用。

07 讲解员年度考核似“竞技比赛”

案例介绍

伪满皇宫博物院是国家5A级旅游景区，现有英、日、韩、汉语等多种语言讲解员30多名。为了提升讲解队伍服务质量，检验讲解水平，调动讲解员的积极性和创造力，为讲解员构建了更大的发展空间，增强了他们对讲解事业的归属感、荣誉感、使命感，连续6年来，采用年度考核的方式，对讲解员进行评星评级考核。

讲解员们要在有限的时间内根据讲解题目，对讲解内容进行整理，并有条理、有重点地进行讲解。此外，绕口令、手语讲解、才艺展示、外语讲解等也作为考核项目。年度等级考核就像是一个竞技场，讲解员们使出浑身的能量，将自己的风采展现出来。

多年来，伪满皇宫讲解员这支队伍获得了许多荣誉，2013年被评为“全国巾帼文明岗”。

案例分析

讲解员是沟通博物馆、纪念馆与社会的桥梁和纽带，是博物馆、纪念馆的名片，讲解服务的质量和水平直接影响着观众的参观质量，影响着博物馆、纪念馆的窗口形象，甚至影响到一个地区和国家的形象。因此，如何选拔和培养讲解员，特别是培养优秀的讲解员，对博物馆、纪念馆等社教事业十分重要。

讲解员处于一个特殊关键的岗位，她面对的是一个知识层次、年龄层次等各不相同的特殊团体，担负着宣传和教育的任务。因此，伪满皇宫对于讲解员的考核和选拔非常重视。例如嗓音、形象、普通话水平等都有严格的要求。外语讲解员或手语讲解员的语言也应达到相应的水平。此外，讲解员还应具有良好的性格特征、心理素质和反应能力，能面对不同的观众较好地完成讲解任务。另外，个人的兴趣和爱好有时对讲解工作也有助益，熟悉琴棋书画、能歌善舞的讲解员总是令观众耳目一新。

看来，这场年年上演的“竞技赛”，也定会年年精彩。

案例详解

为了扩大讲解员队伍，目前，我国许多旅游景区及博物院面向社会及毕业的大学生招聘和选拔旅游讲解人才，组建高素质的兼职讲解员队伍。

坚持讲解员队伍常态化考核是一件难事。这需要在讲解员的队伍中设立“前有标兵，后有追兵”的目标，通过量化考核，等级晋级，使讲解人员有紧迫感，层层重视，认真对照考核结果，及时处理各种问题，提升讲解员队伍的实际水平。

本案例中所提到的国家5A级旅游景区——伪满皇宫博物院，近几年来，坚持每月召开一次考核结果点评会，对排名最后的两位进行分析评价，督促整改；每季度进行一次通报；每半年开展一次评比；同时开展年度考核。这种做法获得了非常好的效果，讲解员队伍整齐划一、多才多艺、精神面貌好，成为了讲解员队伍的典型的代表。

08 会讲故事的导游员

案例介绍

外地游客到南昌，滕王阁是必去地之一。“落霞与孤鹜齐飞，秋水共长天一色”的名句和江南三大名楼之一的称号，让滕王阁成为南昌的地标之一。

“大家现在看到的这幅画，讲述的是江西的历代名人……”登上滕王阁的第二层，讲解员小黄把游客们指引到一副壁画前。“从这里大家可以看到赣江上的几座桥，从远处过来依次有英雄大桥、赣江大桥、八一大桥，我们转向这边，那是南昌大桥、生米大桥。现在南昌在建地铁，就要穿过我们下面的赣江，预计在2015年通车。”

游客在游览完滕王阁后，不仅了解到滕王阁的历史和《滕王阁序》的相关内容，还能初步了解江西的著名景点，如三清山、庐山、井冈山、龙虎山。能听到南昌城建的一些小故事，比如地铁会穿越赣江连接新旧城，比如触目能及的一座五星级酒店是南昌老的市政府所在，曾是南昌最高建筑。

案例分析

讲解员工作中最常遇到的麻烦莫过于游客不注意听讲。对于这种情况，讲解员应努力找出原因，根据游客的职业、年龄、地区、兴趣、生活习俗等，针对不同的对象，进行生动有趣的讲解。

如何能结合景点向游客讲述一些故事，增加客人游兴，需要讲解人员研究。不过，讲解员不能为了赢得游客好感，而讲一些不着边际的小故事或者野史。对历史应持慎重态度。一处普通的景点，经过绘声绘色的讲解，可能会使游客流连忘返，留下深刻的印象。

案例详解

在景区讲解工作中，常常遇到游客不注意听讲解，人员分散不易集合和掉队等情况。针对于此，讲解员一定要努力改进讲解方式，吸引游客注意。

（1）善于口语式表达。可针对某一景点，进行故事情节的讲述，增加其神秘感，这会增加客人游兴，收到较好的效果。

（2）标新立异、广征博引。有些民间传说也可作为素材，但对历史应持慎重态度，否则会被部分知识层次高的游客笑话。民间传说不一定有现实生活的依据，只要讲解员事先做好准备，能流利生动地讲解，就可能达到更佳的效果。

(3) 画龙点睛，适当点出故事的“眼”。所谓故事的“眼”，就是故事的最精彩之处。讲解员可先把故事的主要情节讲给客人听，看看游客有何反应，如果反应较强，讲解员便可埋下伏笔，把故事留到下次再讲，这样自然可以把游客吸引到你的讲解上来。有的故事，只要点出最精彩的部分，无须讲得有头有尾，以加深客人的印象。

(4) 类比讲解同类事物。讲解员应善于抓住事物的异同点进行讲解，使客人产生新鲜感、好奇感。

09 “精细化管理”新举措

案例介绍

近几年，淇县各景区通过对女娲文化、殷商文化、鬼谷文化的深入挖掘与宣传，景区观光旅游聘请讲解员的团体甚多，带亲朋好友反复参观者也日益增加。在这种情况下，景区讲解词中的文化信息、景点相关数据的统一性、准确性便显得更为重要。

据反复参观的游客反映，有时会听到不同讲解员的讲解内容不一致，这一现象影响并威胁了景区讲解员的信誉。为了维护淇县导游的旅游公众形象，增强各景区讲解词的准确性、科学性与严谨性，导游管理处召开全体干部职工会议，统一景区景点讲解口径。内容涉及易经大学相关数据（占地面积、已投资数额、预投资数额、鬼谷子铜像高度）、南天门高度、孙膑洞内石刻年代、古灵山铜顶投资数额、女娲峰高度等15处景点的讲解。

案例分析

导游讲解应遵循“正确”的原则。导游人员通过讲解向游客传播文化、风情、民俗及对美的理解，在这个过程中“正确性”起到至关重要的作用。这就要求导游人员所讲的每一句话都要准确无误，来不得半点“杜撰”。正如本案例中游客的反映一样，一旦游客怀疑所讲内容的真实性，可能会对导游员所讲过的一切持否定态度。所以要求导游人员在宣传、讲解过程中，在回答游客的问题时必须正确无误。言之有据、言之有理的导游讲解不仅可以吸引游客，满足游客的求知欲望，同时也会使导游人员得到尊重。

案例详解

导游语言的正确性主要表现在以下三个方面：

（1）语音、语调、语法、用词造句正确。

（2）导游讲解的内容有出处，不胡编乱造、张冠李戴。

（3）引用他人用语完整，恰到好处，理解准确。

10 走上百家讲坛的女导游

案例介绍

赵英健，现任清东陵文物管理处副处长，高级导游，中国紫禁城学会、中国清宫史学会、河北省博物馆学会会员。她没有过深的资历，导游出身，却走上了捧红易中天、刘心武、阎崇年的央视王牌栏目《百家讲坛》。她，终日囿于清东陵方圆百里之地，却给联合国世界遗产委员会专家留下了深刻印象，回国后专门写信称赞她。她，只有36岁，却得到曾任全国人大常委会副委员长、全国政协副主席的雷洁琼的赞誉，称赞她“你是咱妇女的骄傲”。

“要给游客一碗水，导游自己必须有一桶水。”赵英健自己回忆，刚上班时，一般的导游人员每人每天带两到三个团，而她的最高纪录是半天就带4个团。“特有成就感！”赵英健这样形容自己的工作热情。为了将正史与野史巧妙结合起来，使自己的讲解更有知识性和趣味性，赵英健在学习了大量清史的同时，还遍访了本地守陵人的后裔。

赵英健多年来学习和研究了大量旅游专业知识，探索了不同层次游客的心理，写下了几万字的读书笔记和心得体会，为做好导游服务打下了坚实的基础。1995年，国家旅游局首次举办全国国内导游员大赛，赵英健凭着深厚的知识功底和机敏善辩的才华脱颖而出，跻身全国20佳优秀导游员行列。

2000年1月，清东陵申报世界文化遗产项目进入关键时刻。可就在联合国专家即将来现场考察之际，负责古代建筑介绍的工程师突遇车祸住院，遵化市委、市政府临时决定把古建筑介绍和清史介绍这两项任务一并交给赵英健。而当时离专家组来东陵仅剩下20天，20天的时间要准备好清东陵古建筑的全面汇报，要准确地介绍清东陵涵盖的清史资料，而且汇报工作的好坏直接影响着申报的成功。这让赵英健感到空前的压力。但她没有退缩，勇敢地挑起了这副重担。20天的时间里，她夜以继日地工作。当时她患着重感冒，白天，她和领导们研究接待工作，晚上回到家，找个小诊所输液，而且边输液边翻书，有时累得睁不开眼睛，就让看护的人念给她听……

艰辛的努力终有回报。联合国世界遗产委员会专家、国际古迹遗址理事会秘书长让·路易·卢逊等专家考察团在清东陵考察期间，赵英健将清东陵源远流长的历史和精美的古建筑有机结合在一起，准确到位地将历史信息传达给贵宾。让·路易·卢逊先生对清东陵的文物保护和管理工作非常满意，对赵英健的讲解汇报给予了高度评价，回国后专门写信来称赞“在清东陵给我留下了深刻印象的儒雅导游赵女士……”2000 年 11 月 30 日，经联合国世界遗产委员会批准，清东陵等被正式列入世界文化遗产名录。

2006 年 9 月，她又被评为全国模范导游员。

案例分析

人们常常把导游员称为上知天文、下知地理的“杂家”。在本案例中，赵英健正是这样一个典型的代表，她刻苦钻研，不满足于现状，通过大量走访和实际调查，收集素材，因团而宜，针对客人需求不同、层次不同采用不同的讲解方式，一改游客对导游人员只能“背词”，不能言之有物、言之有理的印象。央视《百家讲坛》编导孟庆吉这样评价赵英健：表达能力强，学术根基深，具有亲和力。

案例详解

作为一名优秀的导游人员，具备一定的文化修养是最起码的条件。在游客心目中，导游员不仅是“学者”“老师”还是“万事通”。所以，活到老，学到老，善于钻研和勤学好问的治学态度和精神，有利于导游人员养成一个好习惯。作为导游员，对讲解的内容都要弄懂、弄清楚，不能不懂装懂，更不能敷衍了事。

随着时代的发展，人们在旅游时已不只是满足食、住、行、游、购、娱这几项最基本的旅游要求，还想通过旅游活动增长见闻、获取知识，这就对导游人员提出了更高的要求。只有像赵英健一样，知识面广，有着真才实学的人，才能在讲解时以渊博的知识为后盾，进而征服游客，获得更多的机会。

11 政务接待无小事

案例介绍

我国目前许多旅游风景区都在着手培养一批既能进行礼仪接待，又能进行景点景区讲解的政务接待讲解员。

景区接待工作作为综合服务能力的窗口，既是景区综合管理能力的展现，又是景区文明形象的代表。政务接待讲解员是导游中的特种兵，作为景区形象的塑造者、景区文化的传播者和景区建设的展示者，在景区发展特别是政务接待方面起着重要的作用。政务接待讲解员要业务能力强、精神面貌好、具有亲和力。一些旅游景区十分重视政务接待讲解员，制订培训计划和方案，有计划地对选拔出来的政务接待讲解员从字、词、篇、章、音节、词组等一些细节进行系统、专业的培训。培训的课程有普通话、外语、景点讲解词、政务礼仪和涉外礼仪等方面的内容。力求培训出一批普通话标准、业务精湛、勤学肯干，能做到文明服务、有品质修养，能随机应变，把景区的热忱与好客传递给八方宾客，为旅游的发展做出应有贡献的政务接待讲解员。

案例分析

景区政务接待是宣传、展示、传播景区的平台之一，政务接待讲解人员是导游中的“特种兵”和“美丽使者”，在讲解工作中更应注重工作技能和服务规范。

一要热爱讲解事业。

二要加强知识的更新与积累。要多通过报纸、新闻媒体了解所在区域的发展。

三要在平时的工作中坚持向书本学、向实践学、反复实践。特别是要多学习、实践接待工作中的各种礼仪和行为规范，逐步把自己培养成训练有素、言行得体、举止大方的政务接待讲解员。

案例详解

政务接待是一门科学，也是一门艺术，政务接待作为一个城市形象的窗口，也是联系兄弟城市和外部世界的纽带和桥梁，不断提高政务接待水平，可以更好地彰显一个城市的良好形象和厚重的文化底蕴。

旅游景区讲解人员在政务接待中，与各级领导沟通和接触的机会较多，正因如此，在接待工作中更应该不断“充电”，促进业务能力的提高。

政务接待人员应不断开阔眼界，学习先进经验，丰富自身知识，提高讲解水平。景区可以定期或不定期地邀请专家和业内资深人士来传经送宝，对迎来送往、礼节礼仪、待客技巧等一系列接待交际知识、景区历史文化知识进行新内容和新知识点的传授，提高政务接待工作人员的知识水平和工作能力。此外，景区讲解员要借助政务接待的平台，做好本地区或城市的“宣传员”，为地方建设和发展助力。

12 “手语导游”体现人文关怀

案例介绍

面对着美丽如画的风景，聋哑游客却只能看不能听，更无法接受导游服务。但这种尴尬今后将不会在中山陵景区出现了。中山陵在南京的景区中率先推出了“手语导游”服务。作为“创建全国文明风景旅游区和5A级旅游景区”的内容之一，中山陵导游公司56名导游利用每晚业余时间进行了为期8天的手语培训，市特殊教育学校的资深手语老师为导游员讲解了手语的基本理论和构成，并进行了日常用语及景点讲解词的培训，使导游员能初步识别手语，进行简单交流，为聋哑游客“讲解”中山陵导游词。一位景区导游员颇有感慨地说：“有一位聋哑游客到中山陵导游公司咨询厕所的位置，她刚准备拿出纸笔与我交流时，我立即用手语准确地告诉她‘厕所请往下走20米’。这位聋哑游客十分惊讶，连用手语表示‘非常感谢’，我心里也高兴极了。”

案例分析

通常来讲，人们外出旅行的前提条件为：游客拥有可自由支配的时间、可自由支配的收入及主动出门的意愿。但对于身有残疾的游客而言，一切却变得不这么容易。在我国，特殊人群游客市场主要以散客为主，但出门在外常会因沟通不便带来许多麻烦，使这一群体对旅游活动望而却步。不过，在上述案例中，我们也欣喜地看到，旅游景点景区在为弱势群体提供人文关怀。

随着我国旅游市场的更加细化，特殊人群外出旅游也会变得更加经常，因此，旅游市场呼唤更多的专长导游。在我国，对于导游人员进行分类过程中，对于手语导游员的细分还不是非常明确，但我们要看到，这部分市场所占有的空间是不容忽视的。如果旅行社对导游开展手语沟通、助残常识等方面的技能培训，将可以尽早占领残疾人客源市场，这也是竞争过程中的制胜“法宝”——人无我有，人有我特。

案例详解

目前，我国有将近 9 千万残疾人，当这些残疾人去感受祖国的大好河山，面对美丽如画的风景时，有听力障碍的游客却无法听到导游员声情并茂的解说，有语言表达障碍的游客也无法轻松与导游沟通，造成旅途中出现了另一种“残缺”。

然而，旅行社或旅游景区如果能推出手语导游服务，使失去听力的游客在欣赏祖国秀美风光的同时，能够了解到景区文化、景点内涵，使语言表达有障碍的游客能够表达自己的意思并及时传达需求，这些都会成为促进我国旅游业发展的重要因素。

关爱残疾人士，不是一句空话，而应该落实到各行各业的行动中。就旅游业而言，为残疾人士提供手语导游服务，让他们也能享受大自然的美丽景色，是一件非常有意义的事情，本案例里提及的以中山陵景区为代表的优秀旅游景区就在此方面起到了示范和引领作用。

13 最生动的课堂

案例介绍

建立在伪满皇宫旧址上的宫廷遗址型博物馆伪满皇宫博物院，经过几年的修复，全面向游人开放了。作为吉林省长春市著名的景点和爱国主义教育基地，每年都有大量的游人和学生团体到这里参观。一些学校通过到此参观对学生进行近代史教育和爱国主义教育，进而达到振奋民族精神，凝聚民族力量的作用，使每个同学牢记历史，珍惜今天的幸福生活。

实验高中三年级十个班近四百名同学，在校团委的组织下，也来到这里参观，在参观东北沦陷史陈列馆时，三班有几个学生不太安静，在旁边打闹，此时，进行讲解的导游小陈中断了自己饱含深情的讲解，一下子变得严肃起来。她说："各位同学，你们即将告别高中学习，进入大学的校门了，今天来到这里参观，其实是对自己心灵的又一次洗礼，我们今天的幸福生活正是由许多革命先辈们的牺牲换来的。所以，我希望，通过我的介绍，你们能够被这些图片和蜡像人物反映的场景震撼和警醒，增强大家的民族意识。正如在博物院门口，江泽民同志的题词一样："前事不忘，后事之师"，你们今天在这里将这段历史铭记在心，回到学校时要更加努力地学习。当你们学业有成后，把我们伟大的国家建设得更加富强，你们觉得我说得对吗?

听完导游的这一席话，所有人的神情都变得凝重，在接下来的参观中自始至终都没有一个人喧哗。参观结束以后大家都争抢着和这位导游拍照留念，几位刚才打闹的同学回到学校后，还写来一封检讨信，承认错误。

案例分析

本案例中的景区导游员小陈充分体现出一个导游员的职业素养，他以自己的言行给这个旅游团上了一堂生动的爱国主义教育课，体现出他强烈的爱国之情和敬业爱岗精神。他真正做到了导游员是“游人之师”，能够为这些尚未步入社会的孩子们“传道、授业、解惑”，出色地完成了自己的工作，也使同学们将这一场景深深地印刻在脑海之中。

案例详解

目前，在党的十八大召开之后，加强社会主义核心价值体系构建，重点加强对青少年的爱国主义教育，抓住核心路径进行爱国主义的宣传教育是各级部门，尤其是红色旅游景区的核心工作之一。当然，要使爱国主义教育基地的作用发挥到“充分”。还应注意以下一些方面：

第一，景点内部必须有不同的讲解词。青少年和成年人要有不同的信息，在对青少年进行讲解时，语言一定要做到简单、形象，讲解过程要多结合景区展品、多结合现实生活、多结合未成年人年龄认知水平。

第二，景点内部要有符合未成年人特点的展览资料。全国的红色旅游景点几乎说的都是“大人的事”，未成年人参观时总会遇到一些“鸿沟”。解决此类问题就要求景点内部一定要有一定比例体现未成年人特点的展览资料。比如当时当地有关未成年人小英雄的史料发掘；敌人恶行的故事性叙述或形象性展示，这些都是最容易引起未成年人情感共鸣的共振器。

第三，景点自身要有外宣活动。首先针对未成年人为在校生这一特点，景点要多做“走进校园活动”，多到各校开展临时展览或义务讲解活动，有条件的还可以直接在当地学校聘请小小义务讲解员，让未成年人最大范围地接受爱国主义教育。针对未成年人经常是家长陪同参观这一特点，景点可以创造性地组织一些亲子活动，让孩子接受教育的同时家长也有所感悟。

第四，景点自身可以开创性地在景区之外做一些拓展活动。在景区外选取合适场地作为活动场所，既不受文物“保护”的限制，也不受景点内部“求实求真”的限制，这会给景区带来更大的发挥空间。

当然，要让未成年人在红色旅游景区最大限度地接受到爱国主义教育，做到以上肯定不是全部，但是让他们来到景区返回时有“不枉此行”的感慨应该是可以做到的。

14 修鞋嫂自学成故宫讲解员

案例介绍

在北京故宫博物院，你经常能碰到这样一个奇人——她红彤彤的脸庞，衣着朴素，发型没作任何修饰……然而，就是这样一个农妇，却是一名优秀的葡萄牙语讲解员！这样强烈的反差让每一位经过她身边的游客都忍不住好奇。

这位妇女名叫朱桂栀，只有小学文化，曾在街头做了15年的修鞋嫂！可是，她却凭着百折不挠的劲头，不仅让自己成为一名优秀的小语种讲解员，还让儿子获得了远赴国外留学的机会。

朱桂栀，重庆人，夫妻带着孩子在与故宫一墙之隔的南长街摆摊儿。一天，一个30出头的四川女人来她的修鞋摊修鞋。因为是老乡，两人聊得格外投机。攀谈中，她得知，女人名叫张月，毕业于首都师范大学，在故宫做讲解员。朱桂栀羡慕地说：“还是上大学好哇！”张月认真地说：“其实上没上过大学并不重要，重要的是对故宫要熟悉。”朱桂栀听了忙问：“不上大学，只要对故宫熟悉就可以做讲解员吗？”听她这么说，张月用奇怪的眼神打量了朱桂栀几眼，反问道：“你对故宫有多熟悉？”朱桂栀说：“故宫一共有8707个房间，其中包括四大门、三大殿和后三宫……大部分典故故事我都知道。”张月不相信，当场考了朱桂栀几个问题。没想到，她都对答如流。虽然张月大吃一惊，但她并不认为朱桂栀真能当讲解员，毕竟对一个修鞋嫂来说，这实在太不现实了。

张月走后，朱桂栀兴奋地想：如果自己能当上讲解员，就能早日还清债务，还能让儿子接受更好的教育。可自己连小学都没毕业，能走进故宫当讲解员吗？

几天后，儿子盘楚仪因为急性阑尾炎入院抢救，仅仅4天就花了3000多元。这可是朱桂栀干了半年、省吃俭用才攒下来的呀！她想：要想让儿子接受好的教育，单靠修鞋恐怕很难维系了。

从此，朱桂栀一边修鞋，一边留意收集各种故宫资料，没事就认真学习，渴望有一天真能当上讲解员。

3个月后的一天，老乡张月再次来她这儿修鞋。朱桂栀又向张月提起想做讲解员的事。张月惊讶地说：“这一行虽然没有学历限制，但是相同水平的情况下，故宫肯定会聘请学历高的。除非……除非你去学大旅行社急需的小语种。”朱桂栀不解地问：“什么叫小语种？”张月解释说：“就是除了英语之外的，使用程度稍低一些的外国语言。”张月还解释说，因为来故宫游玩的外国人，不一定都讲英语，像南美国家或德法意西等欧洲国家的游客也很多，而一些大旅行社正缺这些小语种讲解员，大部分只能靠外聘，从外语大学聘请大学生，临时补缺。

朱桂栀怯怯地问："那你说我能学会小语种吗？"张月愣了一下，鼓励道："语言这个东西，只要肯学也不难。而且，对于你来说，学什么都是从零开始，倒不如就学小语种。"听了张月的话，朱桂栀决心学会一门小语种，考上旅行社故宫讲解员！

经过一番了解后，她最后决定学葡萄牙语。

确定目标后，应该如何迈出第一步呢？朱桂栀发现，几乎所有的葡萄牙语培训班都要求脱产学习，而且学费贵，最少也要近万元，朱桂栀顿时陷入深深的失望之中。

可不久后的一件事，又激发了朱桂栀学习葡语的决心。一天晚上，她在儿子的语文课本里发现了一张老师写给家长的邀请函，内容是邀请家长周末集体带孩子去香山看红叶。

朱桂栀问儿子："怎么没和妈妈说这事？"盘楚仪说："妈，老师说去的同学要交100元钱，我不想问妈妈要……"朱桂栀忍住泪，从床底下的包里掏出100元，递给儿子说："妈妈周末和你一起去！"那晚，渴望学习葡萄牙语来改变命运的念头，再次在她的心里点燃了起来。

2002年12月，朱桂栀终于打听到海淀区北京应用技术大学开了一个晚上上课的葡语培训班，而且学费只要1800元，她立马报了名。

然而，朱桂栀只上了几节课，就满是挫败感。因为，只有小学文化的她学起葡语来简直是"鸭子听雷公——句句都听不懂"。

见此，朱桂栀想放弃，就连老师都建议她别学了。可当朱桂栀看到儿子一张张优秀的成绩单时，她明白，儿子的成才之路需要钱，她必须找到一种比修鞋更赚钱的门路。

有了动力，朱桂栀就像一台上紧了发条的机器，拼命地学习葡语。为了强化记忆，她狠心花80元买了一部旧MP3，上课时一边听课，一边录下老师的讲义，下课后利用修鞋空闲反复听。

那时，儿子已经12岁了。外语基础良好的他为了帮助妈妈，每晚做完功课后，也跟着妈妈学习葡语。这样，母子俩你一句我一句，学得越来越带劲。

然而，朱桂栀天天学葡语，有时学得忘了一切。有一天，她一边修鞋，一边默默地念单词。谁知，一不小心竟把客人的一双皮鞋修坏了，不得不赔人家200元，还遭人一顿臭骂。她委屈地哭了，但想到儿子，她又擦干眼泪……

苍天不负苦心人。两个月后，朱桂栀终于可以进行简单的葡语对话。一天，一个说葡语的老外向她打听故宫西华门怎么走。朱桂栀用七零八落的单词和短语，再配上肢体动作，终于使那位老外明白了路线。老外临走时向她竖起了大拇指说："中国女人，太棒了！"送走老外后，朱桂栀兴奋不已。她意识到，要想快速学好葡语，最好的办法是多接触说葡语的老外。

于是，她用葡萄牙语写了一块牌子：免费修鞋及问路。有了这块牌子，一些会说葡语的游客会好奇地停下来与她攀谈几句。这样，朱桂栀的葡语水平得到了大大地提高。

2004年7月的一天，一个叫保利诺的巴西人找到朱桂栀。原来，他是某外企驻中国区域高管，听说故宫旁边有一个会说葡语的修鞋嫂，慕名而来。当朱桂栀把自己的故事向保利诺娓娓道来时，保利诺被朱桂栀的母爱感动了，他留下自己的联系方式说："只要有困难，随时联系我！"

后来，当保利诺知道朱桂栀想考葡语讲解员后，便邀请一些朋友，为朱桂栀成立了一个外语角，一有时间一群人就去公园、广场等地交流。

就这样，朱桂栀的葡语水平突飞猛进。2005年春节，她去应聘一家大旅行社的故宫讲解员。由于会说葡语，她很顺利就被录取试用，参加为期7天的讲解工作。

可谁知，这次体验竟让朱桂栀好不容易堆积起来的自信轰然倒塌！

原来，朱桂栀虽然对故宫的景点很熟悉，但真正带着游客参观，就完全搞不清东南西北了！而且，虽然她知道很多故宫的典故，可真正要用葡语讲出来，并不容易。由于表现狼狈，当天下午，旅行社就将她劝退了。

回家后，朱桂栀想到自己3年来废寝忘食地学习葡语，却连一次讲解都不能完成，忍不住痛哭起来。哭过之后，她打起了退堂鼓。

春节过后，失落的朱桂栀连到故宫附近修鞋的勇气都没有了。为了谋生，她应聘到北京东城区金府银街酒店做洗碗工，月薪1400元。可第一个月薪水拿到手后，她不禁在心里哀叹，这点钱连养活自己和儿子都不够，更别说供儿子读大学了。朱桂栀默默流泪，最后，她决定为了给儿子创造好的学习条件再去考一次！

2006年6月，朱桂栀终于顺利通过了一家旅行社的故宫博物院讲解员的考试，成了一名葡萄牙语讲解员。以后旅行社只要接到说葡语的外国客人，就会安排她去讲解，薪水按照底薪加提成计算，一般可拿到3000到4000元。

到2008年，朱桂栀在旅行社的工作已经步入正轨，有时候还会有些老外找她做私人讲解员，收入最多的时候达到8000元！

有了积蓄后，朱桂栀在北京东城区沙滩后街按揭买了一套60多平方米的两居室。2008年夏天，儿子也以优异的成绩考取了巴西利亚大学计算机专业。

2009年以后，朱桂栀特殊的身份渐渐让她出了名。此时，很多人都知道在故宫有这样一位经历神奇的讲解员，甚至有许多国外来的游客指定要她担任导游。

2010年10月1日，来中国访问的葡萄牙社会执政党领袖德•布拉干萨来参观故宫时，朱桂栀作为优秀葡语讲解员，受国家外事部门的重托，接待了这位来自葡萄牙的贵宾。

那天晚上，儿子特地从巴西飞回北京与她共度佳节。华灯初上，母子二人在东长安街的君悦大酒店里，透过落地窗，望着灯火辉煌的京城夜景，朱桂栀心潮起伏、感慨万千。儿子端起一杯红酒对妈妈说："妈，您真的好棒！我要向您学习，等将来学业有成，回国工作后，一定买套大房子送给您！"

案例分析

朱桂栀在谈起自己成功的转身时说:“人生永远没有不可逾越的绝境，拥有的，只是无数种希望。不要去刻意寻找什么机遇，因为行动，就是最好的机遇。”

一位没有进过高等学府的普通人，通过不断的努力和付出，成为了一名优秀的故宫讲解员，在她的身上，我们可以看到，只要有梦想、有目标、有信念，没有什么是克服不了和战胜不了的。目前，从事导游讲解工作的人员都是80、90后的大学毕业生，在讲解工作中，常常会出现沉淀不下来、工作态度不积极、心浮气躁、想换工作环境等想法，致使在讲解时出现不精通、不专业、不透彻等现象。如果年轻的讲解人员都有朱桂栀的精神，相信定能取得成功。

案例详解

目前，许多景区多从补充文化知识、丰富讲解词、加强基本功训练和礼仪训练等方面要求讲解员，如从行走到站立，一个眼神、一个微笑、举手投足之间都要做到端庄大方、充满热情，表现出良好的精神状态。这些都是改善和提高讲解员队伍服务质量的有效方法和路径。然而，在本案例中，我们看到的是一位没有经过专业培训的“优秀讲解员”的成功。她的意志力和品质，以及从她身上所折射出来的精神，是许多人所不具备的。景区发展要从长远出发，要从讲解员的管理和服务“本质”上下工夫，立足实际，不断提升内涵建设，打造讲解员的“精神”风貌。

15 外语讲解员告急

案例介绍

陈先生带着几位外国客人进入博物馆参观，申请英语讲解服务，但得到的答复是，3 个英语讲解员都已在工作。当得知闻名遐迩的广州陈家祠只有 3 名英语讲解员时，陈先生一脸愕然。

陈家祠有关负责人无奈地表示："由于编制紧张等问题，我们一直没有足够的讲解员，尤其是外语讲解员。常常要依靠大学外语系的在校生节假日期间来做志愿讲解。"

广州作为改革开放的前沿阵地，人才济济，但为什么博物院里的外语人才却如此稀缺呢？据博物馆有关人士介绍，高要求、低待遇，是造成专职讲解员奇缺的主要原因。以前，讲解员高中毕业就可以了，现在不但要有大专以上学历，还要有广博的知识、出色的口才，还对嗓音与外貌等有较高要求，但薪水却并不优厚。

陈家祠某讲解员一番话令人深思，她说"我们 7 个讲解员构成宣教部。除了要讲解外，还要负责与宣教相关的工作，如对外宣传、爱国主义教育、游人调查等。而一些后勤服务工作，如接待室清洁卫生、会务布置、贵宾茶水供应等也是我们分内的事。你想想，精通德语、法语、日语的高才生，有多少人愿意干这些活呢？"

案例分析

随着国民经济的腾飞，中外文化交流愈来愈频繁，博物馆成为对外文化交流的重要窗口之一。在这种情况下，作为博物馆与外国游客交际工具的外语，在博物馆宣教工作中发挥举足轻重的作用。外语讲解是衡量博物馆景区质量的重要标准之一，也是博物馆高素质服务的体现。

博物院讲解员不仅要能讲外语，更要能面对外国的专家、学者，或回答他们的各种问题，或与他们进行探讨，甚至有能力在学术交流中自由运用外语，目前这种高水平、全方位的外语讲解在一些现代化程度较高的大博物馆也十分少见。因此，加强博物馆外语讲解工作，提高讲解水平已是迫在眉睫的大事。

案例详解

据专业人士介绍，高要求、低待遇，是造成专职外语讲解员短缺的主要原因。现在的景区讲解员不但要有大专以上学历，还要有广泛的知识、出色的口才、一定的嗓音与外形条件等。与高标准、严要求相对应的却是并不优厚的薪水。近年来，许多景区曾以各种方式尝试提高讲解员的综合水平，但多数效果并不理想。

如今，景区的建设越来越现代化，一些条件和设置好的景区还配上了数码讲解机，拥有了电子导游、电视讲解……一方面，现代化科技手段的丰富在一定程度上威胁着传统讲解员的地位，而另一方面，任何现代化的讲解手段都无法取代传统讲解员与观众面对面的交流，无法实现针对个人的“因人施讲”。所以，提高讲解员外语能力，使复合型的讲解人员不断增多，是当前景区一项重要工作。

16 因人施讲

案例介绍

北京古代建筑博物馆张蓉华老师说："我们对博物馆讲解员的要求是因人施讲。比如讲解博物馆的'瓶子'，作为讲解员，应该清楚自己接待的是哪一层次的客人，然后决定用什么样的方法介绍这个瓶子。文化层次比较高的，如大学的教授、文化行业的观众来了，我该怎么讲；一般的社区百姓来旅游，对这个瓶子，我应该讲成什么样，让他留下什么印象。这就是因人施讲，让每一个层面的游客都得到各自的满足。

案例分析

对于讲解员来说，观众的年龄、地域、素质、文化层次、兴趣爱好等千差万别，他们来参观的目的也各不相同，这就要求讲解员在了解观众信息的基础上，采用不同的讲解方式、讲解语言，对讲解词内容的主次进行取舍。这样既能让观众领会主要的信息，也能避免讲解员不必要的体力消耗，兼顾每一批观众。当然，要注意取舍过程中不能影响讲解的主要内容。

学无止境，遇到一些不懂的事情和问题，要主动去寻找答案。讲解员有时就像老师一样，也是"人类灵魂的工程师"，在带团活动中也承担极其重要的社会教化功能，因此，讲解员不仅要做一个快乐的制造者，更要做一个美好情感和优秀文化的传播者。

案例详解

针对性是因人施讲的核心，也就是说，因人施讲的关键性问题是讲解员能否在讲解实践中根据不同类型游客的参观目的、参观需求、接受能力等，采取有针对性的、即兴发挥的讲解。这种针对性地即兴发挥的方法和步骤，就其普遍意义来讲，是有规律可循的。讲解员要做到因人施讲，除了要掌握“前提”和“基础”外，还要掌握“方法”和“步骤”，并将它们有机地融合起来。

对不同年龄层次的游客要按不同人群的需求讲解，主要区别在于讲解的长度、难度、深度等方面。在讲解内容的思想观点上当然不应该变化，但在内容篇幅上应有多少、长短的区别，在选材上应有难易的不同，在总体风格把握上应有不同的基调，在语言表达上更要有深、浅的区别。

对于高年龄层次的游客来说，内容要精，篇幅适当短一些。对这类观众，最忌讳的是用教导的方式讲解，而应多用征询、讨论、客观说明等方式。

中等年龄层次的游客心智成熟，适应能力强，要求相对宽泛。这种年龄层次的游客情况复杂，各种文化层次、身份层次的人都有，不能强求一律。单从年龄层次说，他们的耐受力强，注意力集中，可以接受篇幅较长、内容较深的讲解。由于年龄特点，一般需要适当的尊重，点染式讲解对他们来说，一般不太够，启发式、教导式讲解对他们都是不合适的，讨论式的讲解比较适合中等年龄层次的游客。

对于低年龄层次的游客来说，思想性是最难直接用讲述来实现的，必须用讲故事、启发式的讲解。他们年龄低，体力较弱，讲解时间不宜太长，而且他们理解力较弱，讲解内容要浅显。为了提起他们的兴趣，可以从提问开始，在中途也可以多次提问，以激起他们的好奇心和好胜心。

17 在读女博士当讲解员引热议

案例介绍

“欢迎大家走进神秘奇妙的植物王国，你们见过这种神秘果吗？它可不能随便吃，因为吃了之后两个小时内再吃什么嘴里都是淡淡的甜味。”几名年轻靓丽的特殊讲解员加入了华南植物园，为游客讲解植物王国的微妙，这也是我国植物园中首次起用博士做讲解员。

据介绍，这6名美女导游都是华南植物园的在读博士，她们表示，平时比较多的时间都花在科研上，很少有机会与公众近距离接触，现在能与各不相同的人接触，给游客提供讲解，觉得很兴奋。“博士生的时间确实很宝贵，但导游讲解工作也让她们学到了平日里学不到的东西。”一名博士如此说。

女博士生讲解员与以往的普通讲解员不同，良好的知识储备使得她们能随时应对游客提出的疑问，她们也自信地表示，可以针对不同的人群，提供不同形式的讲解。“对专家我们可提供专业解说，对普通游客我们可讲植物的用途和趣事，对小朋友我们可以讲小故事。而对外国游客，我们能用英语进行讲解。”

深入浅出的学理分析和生动活泼的语言讲解使得女博士讲解员得到了市民的热捧，市民们争相抢订博士讲解员。

案例分析

与国外相比，中国对公众科普教育的重视程度还远远不够，普及、传播科学知识的渠道也比较少，因此普通市民往往离科学很远。华南植物园是我国历史最久、种类最多、面积最大的南亚热带植物园，具有很高的科普、研究价值，但公众缺乏科普知识，认为植物园跟一般公园没有什么区别。这些女博士讲解员凭借专业知识，为自己提供了锻炼和接触社会的机会，更让游客们获益颇深。

案例详解

当许多游客得知讲解员是一名博士时，都发出不同的感叹，认为有必要让这么高学历的人做讲解员吗?

首先，高素质的尤其是学者型的讲解员可提供学术性讲解，也可与鉴赏型、研究型的观众作深入的交流，让参观的游客有“胜读十年书”的收获。使用“教授型讲解员”已成为西方发达国家的共识，并有很多各专业领域的专家教授积极去当义务讲解员。知识根底扎实、综合素质高的讲解员能出色完成高级别的接待任务，让前来参观的客人对本国、本地的历史文化有更深入的了解。

其次，讲解员应该坚定地走专业技术研究的道路。“赏心悦目型”讲解员因自身素质的牵制，难以对景区文化及展陈品进行深入研究，也难以对讲解工作本身进行研究。

此外，在高校、部队、图书馆等单位举办学术讲座，是对边走边看讲解的一种有效补充形式。学术讲座可以让客人更集中听取较深层次的介绍，集讲解与研究于一身，还可与游客展开讨论甚或辩论。目前我国一些景区的高素质讲解员常常应邀到各地开展讲座，也起到了良好的宣教效果，这样的工作，高素质的“研究型、专家型”讲解员也可以很好地驾驭。

18 感情融入言语中

案例分析

从日本到中国度假的佐藤先生一家六口人在炎热的七月来到南京，但佐藤先生一家此次南京之行并非是一次普通的旅行。因为，佐藤先生当年参与了侵华战争，在战争中因负伤还失去了一条腿，看着步履蹒跚的老人，讲解员小夏百感交集。这些年当日语讲解员，她有这样一个切身的感受，“日本游客参观完侵华日军南京大屠杀遇难同胞纪念馆后，个个心情都十分沉重。而讲解员在讲解中也要注意语言的分寸，有时面对日本游客情绪还真不容易把握。”

在与佐藤先生一家的交流中，小夏得知，老人带着自己的家人，特别是孙子、孙女来到南京是想让他们正视历史，了解过去，也希望能够来到这个他曾经犯下滔天大罪的地方进行忏悔。小夏被老人敢于面对历史事实的态度触动了，在讲解侵华日军南京大屠杀遇难同胞纪念馆时，佐藤先生不禁放声痛哭起来。小夏安慰老人：“您今天的举动，已经说明您敢于承认这段历史，面对过去，您是值得我们尊重的，我们都相信，会有越来越多的日本友人加入您的行列里来，这样中日两国人民才会世世代代友好下去。”听到小夏的话，老人紧紧地握住了小夏的手，眼里的泪水不禁又落了下来。

案例分析

讲解人员面对来自世界各地的游客，要以不同的语境和心境与游客沟通交往，但无论客人发生怎样的变化，讲解工作者都要热爱祖国、热爱家乡，带着真感情，才能感动自己、打动观众。

案例详解

在本案例中，是什么让这位日本老人紧紧握住了讲解员小夏的手？是由于对历史的悔恨，更是由于讲解员的大度和热情的服务及那一番感人心肺的真心话。

我们中国人民非常看重情义，而导游人员正是以融入情感的语言与游客沟通。游客真诚地希望有情感的导游为他们服务。小夏的讲解里有一大特点，即情真意切。情真意切，可以使游客与自己产生感情；情真意切，可以使游客成为自己的知心朋友。只有导游员袒露真情，敞开心扉，才会与游客的内心达成共鸣。

19 讲解内容要清楚

案例介绍

“高句丽王城王陵及贵族墓葬遗迹”成为中国第30个“世界文化遗产”，随之而来的就是大量游客的涌入，昔日平静的北方江南小城——集安也变得热闹起来。

一日，由某大学历史系组织的学生实习考察团来到集安参观，好太王碑博物馆派王洋去接待。听说是学历史的同学，在讲解上王洋可不敢有半点的怠慢。一直以来许多人都将古代高句丽政权和朝鲜半岛高丽王朝相混淆，甚至连导游员也讲不清楚。为此，集安市政府和旅游部门投入了大量的人力、物力、财力对所有的旅游从业者进行专业知识的培训，对一线带团的导游员还进行了严格的筛选，目的只有一个，不能在历史的真实性上犯任何的错误。

这不仅是对历史的尊重，也是对游客的尊重。

王洋在介绍中说："同学们，大家一定要记住，高句丽政权与朝鲜半岛上的高丽王朝无论是从族源上、年代上、统治地域上、王族姓氏上等方面都是完全不同的，他们之间没有任何关系。高句丽是我国北方少数民族建立的地方政权。自公元前 37 年建国，到公元 668 年灭亡，共 705 年。而高丽王朝于公元 918 年在朝鲜半岛北部建立，其创始为……"清晰的层次关系，使这些学历史的同学也对王洋的讲解大为称赞，一些认真的同学还拿起笔记本进行记录。

案例分析

讲解员使用语言要通俗易懂，尽量避免书面语，不能讲空话和大话。本例中王洋的讲解得到了历史系同学们的认可，是因为他在讲解的过程中能够准确和清楚地将历史年代的层次和区别差异进行讲述，从而使同学们对他的讲解服务连连称赞。

案例详解

讲解人员在语言的运用方面，"清楚"是其语言规范化、科学化的又一体现，具体体现在以下几个方面：

(1) 口齿清晰，简洁明了，确切达意；措辞恰当，组合相宜；层次分明，逻辑性强。

(2) 对文物古迹的历史背景和艺术价值，自然景观的成因及特征必须交代清楚。

20 我能参加比赛吗

案例介绍

国家旅游局每两年要在全国范围内举办一次导游人员风采大赛，比赛受到了全国各地区旅游景区景点和旅行社及旅游行政管理部门的重视。许多讲解人员也想借此机会与全国的优秀同行有一个交流的机会。

进入导游员队伍不久的小风虽然经验不丰富，但是综合素质非常好，才艺出众，被单位推荐参加省内的选拔比赛。经过了资格审查，在本市旅游行政管理部门举办的初选比赛上，小风的发挥并不太好，第一关就被淘汰了。小风知道自己还有许多不足，但一向较真的他找到评委老师，想问一问自己的缺点，以便在以后的讲解中好去改进。评委老师对小风的执着很认同，于是耐心地告诉他："你在讲解的时候，情绪很饱满，但是语言过于稚嫩，像是读课文，逻辑层次性也差一些，希望以后多多的锤炼，你还年轻，以后有机会。"在临走时，评委老师还将比赛的录像回放给小风看，这回，小风知道了自己下一步努力的方向和目标了。

案例分析

在本案例中，小风对于自己的讲解能力充满了信心，可是意外的是在比赛初选时就被淘汰了，比赛录像的回放，让一直信心十足的小风看到了在讲解时的“真实自我”。评委的悉心点评也使这个初涉导游讲解行业的热情青年找到了自己的不足。应该说，这样的失败更有利于导游员的成长。

小风的情况评委老师已经指出，就好像是“读课文”一样。这一问题应该是许多初涉讲解工作人员的一个通病。另外，评委提到在逻辑性上，小风也需要改进。总的来说，导游员应注意以下几点：

（1）将书本上的书面语转化为口语，用生活化的语言表达出来，这样游客易于理解，也可以拉近双方的距离。

（2）在讲解前，导游员要做到心中有数，明确讲解内容的层次，使游客有条理性。

（3）为了使讲解的内容更有说服力，要多收集有关知识和素材，充实自己。

案例详解

导游，是一种需要不断地学习、积累和创新的工作。一名导游员必须在实践中不断成熟。许多优秀的导游员养成了团前细心准备，团后耐心总结的良好习惯。充足的准备让带团工作游刃有余，更能让游客满意而归；而团后的认真总结则为更好地提升服务水平奠定了基础。

本案例中的导游员，通过比赛后与大家的沟通和交流，了解到自己的长处和短处，有利于自己扬长避短，更快更好地成长为一名合格的导游。当然，本着“与客为友，拜客为师”的心态同游客接触和交流，也可以使导游不断提高自己的服务和知识技能。与客为友，就是把客人当作朋友来招待；拜客为师，就是本着虚心学习的姿态，尊重游客并向他们学习。

附录一

中国公民出国（境）旅游文明行为指南

中国公民，出境旅游，注重礼仪，保持尊严。

讲究卫生，爱护环境；衣着得体，切忌喧哗。

尊老爱幼，助人为乐；女士优先，礼貌谦让。

出行办事，遵守时间；排队有序，不越黄线。

文明住宿，不损用品；安静用餐，杜绝浪费。

健康娱乐，有益身心；赌博色情，坚决拒绝。

参观游览，遵守规定；习俗禁忌，切勿冒犯。

遇有疑难，咨询领馆；文明出行，一路平安。

附录二

中国公民国内旅游文明行为公约

（1）维护环境卫生。不随地吐痰和口香糖，不乱扔废弃物，不在禁烟场所吸烟。

（2）遵守公共秩序。不喧哗吵闹，排队遵守秩序，不并行挡道，不在公众场所高声交谈。

（3）保护生态环境。不踩踏绿地，不摘折花木和果实，不追捉、投打、乱喂动物。

（4）保护文物古迹。不在文物古迹上涂刻，不攀爬触摸文物，拍照摄像遵守规定。

（5）爱惜公共设施。不污损客房用品，不损坏公用设施，不贪占小便宜，节约用水用电，用餐不浪费。

（6）尊重别人权利。不强行和外宾合影，不对着别人打喷嚏，不长期占用公共设施，尊重服务人员的劳动，尊重各民族宗教习俗。

（7）讲究以礼待人。衣着整洁得体，不在公共场所袒胸赤膊；礼让老幼病残，礼让女士；不讲粗话。

（8）提倡健康娱乐。抵制封建迷信活动，拒绝黄、赌、毒。

附录三

中华人民共和国旅游法

（2013 年 4 月 25 日第十二届全国人民代表大会常务委员会第二次会议通过）

中华人民共和国主席令

第三号

《中华人民共和国旅游法》已由中华人民共和国第十二届全国人民代表大会常务委员会第二次会议于 2013 年 4 月 25 日通过，现予公布，自 2013 年 10 月 1 日起施行。

中华人民共和国主席　习近平

2013 年 4 月 25 日

目　录

第六章 旅游安全

第七章 旅游监督管理

第八章 旅游纠纷处理

第九章 法律责任

第十章 附则

第一章 总则

第一条 为保障旅游者和旅游经营者的合法权益，规范旅游市场秩序，保护和合理利用旅游资源，促进旅游业持续健康发展，制定本法。

第二条 在中华人民共和国境内的和在中华人民共和国境内组织到境外的游览、度假、休闲等形式的旅游活动以及为旅游活动提供相关服务的经营活动，适用本法。

第三条 国家发展旅游事业，完善旅游公共服务，依法保护旅游者在旅游活动中的权利。

第四条 旅游业发展应当遵循社会效益、经济效益和生态效益相统一的原则。国家鼓励各类市场主体在有效保护旅游资源的前提下，依法合理利用旅游资源。利用公共资源建设的游览场所应当体现公益性质。

第五条 国家倡导健康、文明、环保的旅游方式，支持和鼓励各类社会机构开展旅游公益宣传，对促进旅游业发展做出突出贡献的单位和个人给予奖励。

第六条 国家建立健全旅游服务标准和市场规则，禁止行业垄断和地区垄断。旅游经营者应当诚信经营，公平竞争，承担社会责任，为旅游者提供安全、健康、卫生、方便的旅游服务。

第七条 国务院建立健全旅游综合协调机制，对旅游业发展进行综合协调。

县级以上地方人民政府应当加强对旅游工作的组织和领导，明确相关部门或者机构，对本行政区域的旅游业发展和监督管理进行统筹协调。

第八条　依法成立的旅游行业组织，实行自律管理。

第二章　旅游者

第九条　旅游者有权自主选择旅游产品和服务，有权拒绝旅游经营者的强制交易行为。

旅游者有权知悉其购买的旅游产品和服务的真实情况。

旅游者有权要求旅游经营者按照约定提供产品和服务。

第十条　旅游者的人格尊严、民族风俗习惯和宗教信仰应当得到尊重。

第十一条　残疾人、老年人、未成年人等旅游者在旅游活动中依照法律、法规和有关规定享受便利和优惠。

第十二条　旅游者在人身、财产安全遇有危险时，有请求救助和保护的权利。

旅游者人身、财产受到侵害的，有依法获得赔偿的权利。

第十三条　旅游者在旅游活动中应当遵守社会公共秩序和社会公德，尊重当地的风俗习惯、文化传统和宗教信仰，爱护旅游资源，保护生态环境，遵守旅游文明行为规范。

第十四条　旅游者在旅游活动中或者在解决纠纷时，不得损害当地居民的合法权益，不得干扰他人的旅游活动，不得损害旅游经营者和旅游从业人员的合法权益。

第十五条　旅游者购买、接受旅游服务时，应当向旅游经营者如实告知与旅游活动相关的个人健康信息，遵守旅游活动中的安全警示规定。

旅游者对国家应对重大突发事件暂时限制旅游活动的措施以及有关部门、机构或者旅游经营者采取的安全防范和应急处置措施，应当予以配合。

旅游者违反安全警示规定，或者对国家应对重大突发事件暂时限制旅游活动的措施、安全防范和应急处置措施不予配合的，依法承担相应责任。

第十六条 出境旅游者不得在境外非法滞留，随团出境的旅游者不得擅自分团、脱团。

入境旅游者不得在境内非法滞留，随团入境的旅游者不得擅自分团、脱团。

第三章 旅游规划和促进

第十七条 国务院和县级以上地方人民政府应当将旅游业发展纳入国民经济和社会发展规划。

国务院和省、自治区、直辖市人民政府以及旅游资源丰富的设区的市和县级人民政府，应当按照国民经济和社会发展规划的要求，组织编制旅游发展规划。对跨行政区域且适宜进行整体利用的旅游资源进行利用时，应当由上级人民政府组织编制或者由相关地方人民政府协商编制统一的旅游发展规划。

第十八条 旅游发展规划应当包括旅游业发展的总体要求和发展目标，旅游资源保护和利用的要求和措施，以及旅游产品开发、旅游服务质量提升、旅游文化建设、旅游形象推广、旅游基础设施和公共服务设施建设的要求和促进措施等内容。

根据旅游发展规划，县级以上地方人民政府可以编制重点旅游资源开发利用的专项规划，对特定区域内的旅游项目、设施和服务功能配套提出专门要求。

第十九条 旅游发展规划应当与土地利用总体规划、城乡规划、环境保护规划以及其他自然资源和文物等人文资源的保护和利用规划相衔接。

第二十条 各级人民政府编制土地利用总体规划、城乡规划，应当充分考虑相关旅游项目、设施的空间布局和建设用地要求。规划和建设交通、通信、供水、供电、环保等基础设施和公共服务设施，应当兼顾旅游业发展的需要。

第二十一条 对自然资源和文物等人文资源进行旅游利用，必须严格遵守有关法律、法规的规定，符合资源、生态保护和文物安全的要求，尊重和维护当地传统文化和习俗，维护资源的区域整体性、文化代表性和地域特殊性，并考虑军事设施保护的需要。有关主管部门应当加强对资源保护和旅游利用状况的监督检查。

第二十二条　各级人民政府应当组织对本级政府编制的旅游发展规划的执行情况进行评估，并向社会公布。

第二十三条　国务院和县级以上地方人民政府应当制定并组织实施有利于旅游业持续健康发展的产业政策，推进旅游休闲体系建设，采取措施推动区域旅游合作，鼓励跨区域旅游线路和产品开发，促进旅游与工业、农业、商业、文化、卫生、体育、科教等领域的融合，扶持少数民族地区、革命老区、边远地区和贫困地区旅游业发展。

第二十四条　国务院和县级以上地方人民政府应当根据实际情况安排资金，加强旅游基础设施建设、旅游公共服务和旅游形象推广。

第二十五条　国家制定并实施旅游形象推广战略。国务院旅游主管部门统筹组织国家旅游形象的境外推广工作，建立旅游形象推广机构和网络，开展旅游国际合作与交流。

县级以上地方人民政府统筹组织本地的旅游形象推广工作。

第二十六条　国务院旅游主管部门和县级以上地方人民政府应当根据需要建立旅游公共信息和咨询平台，无偿向旅游者提供旅游景区、线路、交通、气象、住宿、安全、医疗急救等必要信息和咨询服务。设区的市和县级人民政府有关部门应当根据需要在交通枢纽、商业中心和旅游者集中场所设置旅游咨询中心，在景区和通往主要景区的道路设置旅游指示标识。

旅游资源丰富的设区的市和县级人民政府可以根据本地的实际情况，建立旅游客运专线或者游客中转站，为旅游者在城市及周边旅游提供服务。

第二十七条　国家鼓励和支持发展旅游职业教育和培训，提高旅游从业人员素质。

第四章　旅游经营

第二十八条　设立旅行社，招徕、组织、接待旅游者，为其提供旅游服务，应当具备下列条件，取得旅游主管部门的许可，依法办理工商登记：

（一）有固定的经营场所；

（二）有必要的营业设施；

（三）有符合规定的注册资本；

（四）有必要的经营管理人员和导游；

（五）法律、行政法规规定的其他条件。

第二十九条　旅行社可以经营下列业务：

（一）境内旅游；

（二）出境旅游；

（三）边境旅游；

（四）入境旅游；

（五）其他旅游业务。

旅行社经营前款第二项和第三项业务，应当取得相应的业务经营许可，具体条件由国务院规定。

第三十条　旅行社不得出租、出借旅行社业务经营许可证，或者以其他形式非法转让旅行社业务经营许可。

第三十一条　旅行社应当按照规定交纳旅游服务质量保证金，用于旅游者权益损害赔偿和垫付旅游者人身安全遇有危险时紧急救助的费用。

第三十二条　旅行社为招徕、组织旅游者发布信息，必须真实、准确，不得进行虚假宣传，误导旅游者。

第三十三条　旅行社及其从业人员组织、接待旅游者，不得安排参观或者参与违反我国法律、法规和社会公德的项目或者活动。

第三十四条　旅行社组织旅游活动应当向合格的供应商订购产品和服务。

第三十五条　旅行社不得以不合理的低价组织旅游活动，诱骗旅游者，并通过安排购物或者另行付费旅游项目获取回扣等不正当利益。

旅行社组织、接待旅游者，不得指定具体购物场所，不得安排另行付费旅游项目。但是，经双方协商一致或者旅游者要求，且不影响其他旅游者行程安排的除外。

发生违反前两款规定情形的，旅游者有权在旅游行程结束后三十日内，要求旅行社为其办理退货并先行垫付退货货款，或者退还另行付费旅游项目的费用。

第三十六条　旅行社组织团队出境旅游或者组织、接待团队入境旅游，应当按照规定安排领队或者导游全程陪同。

第三十七条　参加导游资格考试成绩合格，与旅行社订立劳动合同或者在相关旅游行业组织注册的人员，可以申请取得导游证。

第三十八条　旅行社应当与其聘用的导游依法订立劳动合同，支付劳动报酬，缴纳社会保险费用。

旅行社临时聘用导游为旅游者提供服务的，应当全额向导游支付本法第六十条第三款规定的导游服务费用。

旅行社安排导游为团队旅游提供服务的，不得要求导游垫付或者向导游收取任何费用。

第三十九条　取得导游证，具有相应的学历、语言能力和旅游从业经历，并与旅行社订立劳动合同的人员，可以申请取得领队证。

第四十条　导游和领队为旅游者提供服务必须接受旅行社委派，不得私自承揽导游和领队业务。

第四十一条　导游和领队从事业务活动，应当佩戴导游证、领队证，遵守职业道德，尊重旅游者的风俗习惯和宗教信仰，应当向旅游者告知和解释旅游文明行为规范，引导旅游者健康、文明旅游，劝阻旅游者违反社会公德的行为。

导游和领队应当严格执行旅游行程安排，不得擅自变更旅游行程或者中止服务活动，不得向旅游者索取小费，不得诱导、欺骗、强迫或者变相强迫旅游者购物或者参加另行付费旅游项目。

第四十二条 景区开放应当具备下列条件，并听取旅游主管部门的意见：

（一）有必要的旅游配套服务和辅助设施；

（二）有必要的安全设施及制度，经过安全风险评估，满足安全条件；

（三）有必要的环境保护设施和生态保护措施；

（四）法律、行政法规规定的其他条件。

第四十三条 利用公共资源建设的景区的门票以及景区内的游览场所、交通工具等另行收费项目，实行政府定价或者政府指导价，严格控制价格上涨。拟收费或者提高价格的，应当举行听证会，征求旅游者、经营者和有关方面的意见，论证其必要性、可行性。

利用公共资源建设的景区，不得通过增加另行收费项目等方式变相涨价；另行收费项目已收回投资成本的，应当相应降低价格或者取消收费。

公益性的城市公园、博物馆、纪念馆等，除重点文物保护单位和珍贵文物收藏单位外，应当逐步免费开放。

第四十四条 景区应当在醒目位置公示门票价格、另行收费项目的价格及团体收费价格。景区提高门票价格应当提前六个月公布。

将不同景区的门票或者同一景区内不同游览场所的门票合并出售的，合并后的价格不得高于各单项门票的价格之和，且旅游者有权选择购买其中的单项票。

景区内的核心游览项目因故暂停向旅游者开放或者停止提供服务的，应当公示并相应减少收费。

第四十五条 景区接待旅游者不得超过景区主管部门核定的最大承载量。

景区应当公布景区主管部门核定的最大承载量，制定和实施旅游者流量控制方案，并可以采取门票预约等方式，对景区接待旅游者的数量进行控制。

旅游者数量可能达到最大承载量时，景区应当提前公告并同时向当地人民政府报告，景区和当地人民政府应当及时采取疏导、分流等措施。

第四十六条　城镇和乡村居民利用自有住宅或者其他条件依法从事旅游经营，其管理办法由省、自治区、直辖市制定。

第四十七条　经营高空、高速、水上、潜水、探险等高风险旅游项目，应当按照国家有关规定取得经营许可。

第四十八条　通过网络经营旅行社业务的，应当依法取得旅行社业务经营许可，并在其网站主页的显著位置标明其业务经营许可证信息。

发布旅游经营信息的网站，应当保证其信息真实、准确。

第四十九条　为旅游者提供交通、住宿、餐饮、娱乐等服务的经营者，应当符合法律、法规规定的要求，按照合同约定履行义务。

第五十条　旅游经营者应当保证其提供的商品和服务符合保障人身、财产安全的要求。

旅游经营者取得相关质量标准等级的，其设施和服务不得低于相应标准；未取得质量标准等级的，不得使用相关质量等级的称谓和标识。

第五十一条　旅游经营者销售、购买商品或者服务，不得给予或者收受贿赂。

第五十二条　旅游经营者对其在经营活动中知悉的旅游者个人信息，应当予以保密。

第五十三条　从事道路旅游客运的经营者应当遵守道路客运安全管理的各项制度，并在车辆显著位置明示道路旅游客运专用标识，在车厢内显著位置公示经营者和驾驶人信息、道路运输管理机构监督电话等事项。

第五十四条　景区、住宿经营者将其部分经营项目或者场地交由他人从事住宿、餐饮、购物、游览、娱乐、旅游交通等经营的，应当对实际经营者的经营行为给旅游者造成的损害承担连带责任。

第五十五条 旅游经营者组织、接待出入境旅游，发现旅游者从事违法活动或者有违反本法第十六条规定情形的，应当及时向公安机关、旅游主管部门或者我国驻外机构报告。

第五十六条 国家根据旅游活动的风险程度，对旅行社、住宿、旅游交通以及本法第四十七条规定的高风险旅游项目等经营者实施责任保险制度。

第五章 旅游服务合同

第五十七条 旅行社组织和安排旅游活动，应当与旅游者订立合同。

第五十八条 包价旅游合同应当采用书面形式，包括下列内容：

（一）旅行社、旅游者的基本信息；

（二）旅游行程安排；

（三）旅游团成团的最低人数；

（四）交通、住宿、餐饮等旅游服务安排和标准；

（五）游览、娱乐等项目的具体内容和时间；

（六）自由活动时间安排；

（七）旅游费用及其交纳的期限和方式；

（八）违约责任和解决纠纷的方式；

（九）法律、法规规定和双方约定的其他事项。

订立包价旅游合同时，旅行社应当向旅游者详细说明前款第二项至第八项所载内容。

第五十九条 旅行社应当在旅游行程开始前向旅游者提供旅游行程单。旅游行程单是包价旅游合同的组成部分。

第六十条 旅行社委托其他旅行社代理销售包价旅游产品并与旅游者订立包价旅游合同的，应当在包价旅游合同中载明委托社和代理社的基本信息。

旅行社依照本法规定将包价旅游合同中的接待业务委托给地接社履行的，应当在包价旅游合同中载明地接社的基本信息。

安排导游为旅游者提供服务的，应当在包价旅游合同中载明导游服务费用。

第六十一条 旅行社应当提示参加团队旅游的旅游者按照规定投保人身意外伤害保险。

第六十二条 订立包价旅游合同时，旅行社应当向旅游者告知下列事项：

（一）旅游者不适合参加旅游活动的情形；

（二）旅游活动中的安全注意事项；

（三）旅行社依法可以减免责任的信息；

（四）旅游者应当注意的旅游目的地相关法律、法规和风俗习惯、宗教禁忌，依照中国法律不宜参加的活动等；

（五）法律、法规规定的其他应当告知的事项。

在包价旅游合同履行中，遇有前款规定事项的，旅行社也应当告知旅游者。

第六十三条 旅行社招徕旅游者组团旅游，因未达到约定人数不能出团的，组团社可以解除合同。但是，境内旅游应当至少提前七日通知旅游者，出境旅游应当至少提前三十日通知旅游者。

因未达到约定人数不能出团的，组团社经征得旅游者书面同意，可以委托其他旅行社履行合同。组团社对旅游者承担责任，受委托的旅行社对组团社承担责任。旅游者不同意的，可以解除合同。

因未达到约定的成团人数解除合同的，组团社应当向旅游者退还已收取的全部费用。

第六十四条 旅游行程开始前，旅游者可以将包价旅游合同中自身的权利义务转让给第三人，旅行社没有正当理由的不得拒绝，因此增加的费用由旅游者和第三人承担。

第六十五条 旅游行程结束前，旅游者解除合同的，组团社应当在扣除必要的费用后，将余款退还旅游者。

第六十六条 旅游者有下列情形之一的，旅行社可以解除合同：

（一）患有传染病等疾病，可能危害其他旅游者健康和安全的；

（二）携带危害公共安全的物品且不同意交有关部门处理的；

（三）从事违法或者违反社会公德的活动的；

（四）从事严重影响其他旅游者权益的活动，且不听劝阻、不能制止的；

（五）法律规定的其他情形。

因前款规定情形解除合同的，组团社应当在扣除必要的费用后，将余款退还旅游者；给旅行社造成损失的，旅游者应当依法承担赔偿责任。

第六十七条 因不可抗力或者旅行社、履行辅助人已尽合理注意义务仍不能避免的事件，影响旅游行程的，按照下列情形处理：

（一）合同不能继续履行的，旅行社和旅游者均可以解除合同。合同不能完全履行的，旅行社经向旅游者作出说明，可以在合理范围内变更合同；旅游者不同意变更的，可以解除合同。

（二）合同解除的，组团社应当在扣除已向地接社或者履行辅助人支付且不可退还的费用后，将余款退还旅游者；合同变更的，因此增加的费用由旅游者承担，减少的费用退还旅游者。

（三）危及旅游者人身、财产安全的，旅行社应当采取相应的安全措施，因此支出的费用，由旅行社与旅游者分担。

（四）造成旅游者滞留的，旅行社应当采取相应的安置措施。因此增加的食宿费用，由旅游者承担；增加的返程费用，由旅行社与旅游者分担。

第六十八条 旅游行程中解除合同的，旅行社应当协助旅游者返回出发地或者旅游者指定的合理地点。由于旅行社或者履行辅助人的原因导致合同解除的，返程费用由旅行社承担。

第六十九条　旅行社应当按照包价旅游合同的约定履行义务，不得擅自变更旅游行程安排。

经旅游者同意，旅行社将包价旅游合同中的接待业务委托给其他具有相应资质的地接社履行的，应当与地接社订立书面委托合同，约定双方的权利和义务，向地接社提供与旅游者订立的包价旅游合同的副本，并向地接社支付不低于接待和服务成本的费用。地接社应当按照包价旅游合同和委托合同提供服务。

第七十条　旅行社不履行包价旅游合同义务或者履行合同义务不符合约定的，应当依法承担继续履行、采取补救措施或者赔偿损失等违约责任；造成旅游者人身损害、财产损失的，应当依法承担赔偿责任。旅行社具备履行条件，经旅游者要求仍拒绝履行合同，造成旅游者人身损害、滞留等严重后果的，旅游者还可以要求旅行社支付旅游费用一倍以上三倍以下的赔偿金。

由于旅游者自身原因导致包价旅游合同不能履行或者不能按照约定履行，或者造成旅游者人身损害、财产损失的，旅行社不承担责任。

在旅游者自行安排活动期间，旅行社未尽到安全提示、救助义务的，应当对旅游者的人身损害、财产损失承担相应责任。

第七十一条　由于地接社、履行辅助人的原因导致违约的，由组团社承担责任；组团社承担责任后可以向地接社、履行辅助人追偿。

由于地接社、履行辅助人的原因造成旅游者人身损害、财产损失的，旅游者可以要求地接社、履行辅助人承担赔偿责任，也可以要求组团社承担赔偿责任；组团社承担责任后可以向地接社、履行辅助人追偿。但是，由于公共交通经营者的原因造成旅游者人身损害、财产损失的，由公共交通经营者依法承担赔偿责任，旅行社应当协助旅游者向公共交通经营者索赔。

第七十二条　旅游者在旅游活动中或者在解决纠纷时，损害旅行社、履行辅助人、旅游从业人员或者其他旅游者的合法权益的，依法承担赔偿责任。

第七十三条 旅行社根据旅游者的具体要求安排旅游行程，与旅游者订立包价旅游合同的，旅游者请求变更旅游行程安排，因此增加的费用由旅游者承担，减少的费用退还旅游者。

第七十四条 旅行社接受旅游者的委托，为其代订交通、住宿、餐饮、游览、娱乐等旅游服务，收取代办费用的，应当亲自处理委托事务。因旅行社的过错给旅游者造成损失的，旅行社应当承担赔偿责任。

旅行社接受旅游者的委托，为其提供旅游行程设计、旅游信息咨询等服务的，应当保证设计合理、可行，信息及时、准确。

第七十五条 住宿经营者应当按照旅游服务合同的约定为团队旅游者提供住宿服务。住宿经营者未能按照旅游服务合同提供服务的，应当为旅游者提供不低于原定标准的住宿服务，因此增加的费用由住宿经营者承担；但由于不可抗力、政府因公共利益需要采取措施造成不能提供服务的，住宿经营者应当协助安排旅游者住宿。

第六章 旅游安全

第七十六条 县级以上人民政府统一负责旅游安全工作。县级以上人民政府有关部门依照法律、法规履行旅游安全监管职责。

第七十七条 国家建立旅游目的地安全风险提示制度。旅游目的地安全风险提示的级别划分和实施程序，由国务院旅游主管部门会同有关部门制定。

县级以上人民政府及其有关部门应当将旅游安全作为突发事件监测和评估的重要内容。

第七十八条 县级以上人民政府应当依法将旅游应急管理纳入政府应急管理体系，制订应急预案，建立旅游突发事件应对机制。

突发事件发生后，当地人民政府及其有关部门和机构应当采取措施开展救援，并协助旅游者返回出发地或者旅游者指定的合理地点。

第七十九条 旅游经营者应当严格执行安全生产管理和消防安全管理的

法律、法规和国家标准、行业标准，具备相应的安全生产条件，制定旅游者安全保护制度和应急预案。

旅游经营者应当对直接为旅游者提供服务的从业人员开展经常性应急救助技能培训，对提供的产品和服务进行安全检验、监测和评估，采取必要措施防止危害发生。

旅游经营者组织、接待老年人、未成年人、残疾人等旅游者，应当采取相应的安全保障措施。

第八十条　旅游经营者应当就旅游活动中的下列事项，以明示的方式事先向旅游者作出说明或者警示：

（一）正确使用相关设施、设备的方法；

（二）必要的安全防范和应急措施；

（三）未向旅游者开放的经营、服务场所和设施、设备；

（四）不适宜参加相关活动的群体；

（五）可能危及旅游者人身、财产安全的其他情形。

第八十一条　突发事件或者旅游安全事故发生后，旅游经营者应当立即采取必要的救助和处置措施，依法履行报告义务，并对旅游者作出妥善安排。

第八十二条　旅游者在人身、财产安全遇有危险时，有权请求旅游经营者、当地政府和相关机构进行及时救助。

中国出境旅游者在境外陷于困境时，有权请求我国驻当地机构在其职责范围内给予协助和保护。

旅游者接受相关组织或者机构的救助后，应当支付应由个人承担的费用。

第七章　旅游监督管理

第八十三条　县级以上人民政府旅游主管部门和有关部门依照本法和有关法律、法规的规定，在各自职责范围内对旅游市场实施监督管理。

县级以上人民政府应当组织旅游主管部门、有关主管部门和工商行政管理、产品质量监督、交通等执法部门对相关旅游经营行为实施监督检查。

第八十四条 旅游主管部门履行监督管理职责，不得违反法律、行政法规的规定向监督管理对象收取费用。

旅游主管部门及其工作人员不得参与任何形式的旅游经营活动。

第八十五条 县级以上人民政府旅游主管部门有权对下列事项实施监督检查：

（一）经营旅行社业务以及从事导游、领队服务是否取得经营、执业许可；

（二）旅行社的经营行为；

（三）导游和领队等旅游从业人员的服务行为；

（四）法律、法规规定的其他事项。

旅游主管部门依照前款规定实施监督检查，可以对涉嫌违法的合同、票据、账簿以及其他资料进行查阅、复制。

第八十六条 旅游主管部门和有关部门依法实施监督检查，其监督检查人员不得少于二人，并应当出示合法证件。监督检查人员少于二人或者未出示合法证件的，被检查单位和个人有权拒绝。

监督检查人员对在监督检查中知悉的被检查单位的商业秘密和个人信息应当依法保密。

第八十七条 对依法实施的监督检查，有关单位和个人应当配合，如实说明情况并提供文件、资料，不得拒绝、阻碍和隐瞒。

第八十八条 县级以上人民政府旅游主管部门和有关部门，在履行监督检查职责中或者在处理举报、投诉时，发现违反本法规定行为的，应当依法及时作出处理；对不属于本部门职责范围的事项，应当及时书面通知并移交有关部门查处。

第八十九条 县级以上地方人民政府建立旅游违法行为查处信息的共享机制，对需要跨部门、跨地区联合查处的违法行为，应当进行督办。

旅游主管部门和有关部门应当按照各自职责，及时向社会公布监督检查的情况。

第九十条　依法成立的旅游行业组织依照法律、行政法规和章程的规定，制定行业经营规范和服务标准，对其会员的经营行为和服务质量进行自律管理，组织开展职业道德教育和业务培训，提高从业人员素质。

第八章　旅游纠纷处理

第九十一条　县级以上人民政府应当指定或者设立统一的旅游投诉受理机构。受理机构接到投诉，应当及时进行处理或者移交有关部门处理，并告知投诉者。

第九十二条　旅游者与旅游经营者发生纠纷，可以通过下列途径解决：

（一）双方协商；

（二）向消费者协会、旅游投诉受理机构或者有关调解组织申请调解；

（三）根据与旅游经营者达成的仲裁协议提请仲裁机构仲裁；

（四）向人民法院提起诉讼。

第九十三条　消费者协会、旅游投诉受理机构和有关调解组织在双方自愿的基础上，依法对旅游者与旅游经营者之间的纠纷进行调解。

第九十四条　旅游者与旅游经营者发生纠纷，旅游者一方人数众多并有共同请求的，可以推选代表人参加协商、调解、仲裁、诉讼活动。

第九章　法律责任

第九十五条　违反本法规定，未经许可经营旅行社业务的，由旅游主管部门或者工商行政管理部门责令改正，没收违法所得，并处一万元以上十万元以下罚款；违法所得十万元以上的，并处违法所得一倍以上五倍以下罚款；对有关责任人员，处二千元以上二万元以下罚款。

旅行社违反本法规定，未经许可经营本法第二十九条第一款第二项、第三项业务，或者出租、出借旅行社业务经营许可证，或者以其他方式非法转让旅行社业务经营许可的，除依照前款规定处罚外，并责令停业整顿；情节严重的，吊销旅行社业务经营许可证；对直接负责的主管人员，处二千元以上二万元以下罚款。

第九十六条 旅行社违反本法规定，有下列行为之一的，由旅游主管部门责令改正，没收违法所得，并处五千元以上五万元以下罚款；情节严重的，责令停业整顿或者吊销旅行社业务经营许可证；对直接负责的主管人员和其他直接责任人员，处二千元以上二万元以下罚款：

（一）未按照规定为出境或者入境团队旅游安排领队或者导游全程陪同的；

（二）安排未取得导游证或者领队证的人员提供导游或者领队服务的；

（三）未向临时聘用的导游支付导游服务费用的；

（四）要求导游垫付或者向导游收取费用的。

第九十七条 旅行社违反本法规定，有下列行为之一的，由旅游主管部门或者有关部门责令改正，没收违法所得，并处五千元以上五万元以下罚款；违法所得五万元以上的，并处违法所得一倍以上五倍以下罚款；情节严重的，责令停业整顿或者吊销旅行社业务经营许可证；对直接负责的主管人员和其他直接责任人员，处二千元以上二万元以下罚款：

（一）进行虚假宣传，误导旅游者的；

（二）向不合格的供应商订购产品和服务的；

（三）未按照规定投保旅行社责任保险的。

第九十八条 旅行社违反本法第三十五条规定的，由旅游主管部门责令改正，没收违法所得，责令停业整顿，并处三万元以上三十万元以下罚款；违法所得三十万元以上的，并处违法所得一倍以上五倍以下罚款；情节严重的，吊销旅行社业务经营许可证；对直接负责的主管人员和其他直接责任人员，没收违法所得，处二千元以上二万元以下罚款，并暂扣或者吊销导游证、领队证。

第九十九条　旅行社未履行本法第五十五条规定的报告义务的，由旅游主管部门处五千元以上五万元以下罚款；情节严重的，责令停业整顿或者吊销旅行社业务经营许可证；对直接负责的主管人员和其他直接责任人员，处二千元以上二万元以下罚款，并暂扣或者吊销导游证、领队证。

第一百条　旅行社违反本法规定，有下列行为之一的，由旅游主管部门责令改正，处三万元以上三十万元以下罚款，并责令停业整顿；造成旅游者滞留等严重后果的，吊销旅行社业务经营许可证；对直接负责的主管人员和其他直接责任人员，处二千元以上二万元以下罚款，并暂扣或者吊销导游证、领队证：

（一）在旅游行程中擅自变更旅游行程安排，严重损害旅游者权益的；

（二）拒绝履行合同的；

（三）未征得旅游者书面同意，委托其他旅行社履行包价旅游合同的。

第一百零一条　旅行社违反本法规定，安排旅游者参观或者参与违反我国法律、法规和社会公德的项目或者活动的，由旅游主管部门责令改正，没收违法所得，责令停业整顿，并处二万元以上二十万元以下罚款；情节严重的，吊销旅行社业务经营许可证；对直接负责的主管人员和其他直接责任人员，处二千元以上二万元以下罚款，并暂扣或者吊销导游证、领队证。

第一百零二条　违反本法规定，未取得导游证或者领队证从事导游、领队活动的，由旅游主管部门责令改正，没收违法所得，并处一千元以上一万元以下罚款，予以公告。

导游、领队违反本法规定，私自承揽业务的，由旅游主管部门责令改正，没收违法所得，处一千元以上一万元以下罚款，并暂扣或者吊销导游证、领队证。

导游、领队违反本法规定，向旅游者索取小费的，由旅游主管部门责令退还，处一千元以上一万元以下罚款；情节严重的，并暂扣或者吊销导游证、领队证。

第一百零三条 违反本法规定被吊销导游证、领队证的导游、领队和受到吊销旅行社业务经营许可证处罚的旅行社的有关管理人员，自处罚之日起未逾三年的，不得重新申请导游证、领队证或者从事旅行社业务。

第一百零四条 旅游经营者违反本法规定，给予或者收受贿赂的，由工商行政管理部门依照有关法律、法规的规定处罚；情节严重的，并由旅游主管部门吊销旅行社业务经营许可证。

第一百零五条 景区不符合本法规定的开放条件而接待旅游者的，由景区主管部门责令停业整顿直至符合开放条件，并处二万元以上二十万元以下罚款。

景区在旅游者数量可能达到最大承载量时，未依照本法规定公告或者未向当地人民政府报告，未及时采取疏导、分流等措施，或者超过最大承载量接待旅游者的，由景区主管部门责令改正，情节严重的，责令停业整顿一个月至六个月。

第一百零六条 景区违反本法规定，擅自提高门票或者另行收费项目的价格，或者有其他价格违法行为的，由有关主管部门依照有关法律、法规的规定处罚。

第一百零七条 旅游经营者违反有关安全生产管理和消防安全管理的法律、法规或者国家标准、行业标准的，由有关主管部门依照有关法律、法规的规定处罚。

第一百零八条 对违反本法规定的旅游经营者及其从业人员，旅游主管部门和有关部门应当记入信用档案，向社会公布。

第一百零九条 旅游主管部门和有关部门的工作人员在履行监督管理职责中，滥用职权、玩忽职守、徇私舞弊，尚不构成犯罪的，依法给予处分。

第一百一十条　违反本法规定，构成犯罪的，依法追究刑事责任。

第十章　附则

第一百一十一条　本法下列用语的含义：

（一）旅游经营者，是指旅行社、景区以及为旅游者提供交通、住宿、餐饮、购物、娱乐等服务的经营者。

（二）景区，是指为旅游者提供游览服务、有明确的管理界限的场所或者区域。

（三）包价旅游合同，是指旅行社预先安排行程，提供或者通过履行辅助人提供交通、住宿、餐饮、游览、导游或者领队等两项以上旅游服务，旅游者以总价支付旅游费用的合同。

（四）组团社，是指与旅游者订立包价旅游合同的旅行社。

（五）地接社，是指接受组团社委托，在目的地接待旅游者的旅行社。

（六）履行辅助人，是指与旅行社存在合同关系，协助其履行包价旅游合同义务，实际提供相关服务的法人或者自然人。

第一百一十二条　本法自 2013 年 10 月 1 日起施行。

参考文献

1．李娌．模拟导游实训教程．长春：东北师范大学出版社，2006.

2．王连义．怎样做好导游工作．北京：中国旅游出版社，2005.

3．杜炜．旅游心理学．北京：旅游教育出版社，2005.

4．国家旅游局人事劳动教育司．导游业务．北京：旅游教育出版社，1999.

5．吕莉．模拟导游．北京：高等教育出版社，2004.

6．孙喜林．旅游心理学．大连：东北财经大学，2004.

7．张红等．旅行社经营管理实例评析．天津：南开大学出版社，2000.

8．蒋炳辉．导游带团艺术．北京：中国旅游出版社，2001.

9．吉林省旅游局导游人员资格证考试教材编写组．导游实务．长春：吉林人民出版社，2003.

10．王连义．幽默导游词．北京：中国旅游出版社，2003.

11．王健民．出境旅游领队实务．北京：旅游教育出版社，2005.

12．李娌，王哲．导游服务案例精选解析．北京：旅游教育出版社，2007.

13. 中国旅游网.

14. 长春旅游网.

15. 南方网新闻中心.

16. 中国导游在线.

17. 导游栖息地网.

18. 长白山旅游网.

19. 休闲旅游网.

20. 伪满皇宫博物院官网.

21. 新闻周报官网.

22. 中国旅游报官网.

旅游教育出版社数字中心数字业务推荐

传统纸书出版，我们一如既往为作者提供精细化出版服务！
数字出版业务，我们已经起程！

数 字 业 务

移动客户端应用 APP【好玩好吃】

免费旅游生活类服务应用 APP【好玩好吃】，被工信部电信产业研究院评选为 APP 优秀应用案例。

用【好玩好吃】，玩好吃好。

好玩好吃：为旅行者吃、住、行、游、购、娱需求提供贴心、随时随身的服务；

为移动互联时代的旅游企业提供精准的、直达消费者的营销服务；为咨询公司、高校科研项目主持人提供项目方量身定制的落地于手机、pad 宣传服务。

三种下载方式，速来享用【好玩好吃】：

旅游社会化媒体（SNS）监测

信息聚集、传播的方式已经发生转变，旅游管理部门、企业、科研机构迎来全新的发展机会。旅游 SNS 监测，让使用者“耳聪目明”，掌控主动。

使用旅游 SNS 监测系统，我们可以做到：

引入不受干预的第三方评价，指导营销方向，衡量营销与经营成效。

——追踪口碑传播

——定位意见领袖

——侦测分级市场

——评估营销效果

——发现危机苗头

合作联系：旅游教育出版社数字中心

赖编辑　mslai@foxmail.com　电话 010-65778402

新浪微博 lilylai－数字出版